BACHELARD

Le peintre sollicité par les éléments

I

Avant l'œuvre le peintre a des songes, de longues rêveries où il médite sur la nature des choses. Il vit de trop près la révélation du monde par la lumière pour ne pas participer à la naissance sans cesse renouvelée d'un univers. Aucun art n'est plus directement créateur, n'est plus manifestement créateur que la peinture. Pour un grand peintre la couleur est une des forces créantes. Il sait bien que la couleur travaille la matière, qu'elle est une véritable activité de la matière, un constant échange de forces entre la matière et la lumière. Pour lui, la couleur a une profondeur et une épaisseur, elle a une dimension d'intimité et des forces d'extériorisation. Si un instant le peintre joue avec la couleur plate, avec la couleur unie c'est pour mieux gonfler une ombre, c'est pour solliciter ailleurs un rêve de profondeur intime. Sans cesse, le peintre mène des songes situés entre la matière et la lumière, des songes d'alchimiste dans lesquels il suscite des substances, il augmente des luminosités, retient des tons trop brutalement éclatants, détermine des contrastes qui sont des luttes d'éléments. Dès qu'on rapproche les thèmes alchimiques fondamentaux des intuitions décisives du peintre, on est frappé de leur parenté. Un jaune de Van Gogh est un or alchimique, un or butiné, élaboré, comme un miel solaire. Ce n'est pas seulement simplement l'or du blé, de la flamme, de la chaise de paille

BACHELARD

jean-claude margolin

écrivains de toujours/seuil

 ISBN 2-02-000094-6

L'imagination invente de l'esprit nouveau.
L'Eau et les Rêves, p. 24.

Voilà pourquoi nous jouissons à la fois de l'intelligence et du rêve, qui tous deux sont une grande source de joie.
Thomas Mann.

Bachelard, l'homme aux livres... En appliquant cette expression usée à une personnalité aussi riche en mouvements, aussi proche, sa vie durant, de ses origines terriennes, fidèle à toutes les connaissances des sens, de l'esprit et du cœur rien moins que livresques, on pourrait craindre de la limiter indûment. Mais on sait que ce philosophe, à la pointe de l'actualité scientifique ou artistique, ce professeur de Sorbonne le moins encombré de tradition universitaire, ce travailleur solitaire sous la lampe, eut le génie de redonner vie ou sens aux images exténuées par une raison paresseuse ou un langage routinier. L'homme aux livres! Sans avoir besoin de se dépeindre tel, il lui suffisait d'ouvrir à ses amis la porte de son petit appartement de la place Maubert, pour leur révéler son milieu vital [1]. Mais à la différence d'un Sartre qui, dans *les Mots* [2], décrivant le bureau de son grand-père, avouait : « J'ai commencé ma vie comme je la finirai sans doute : au milieu des livres », Gaston Bachelard a terminé la sienne au milieu d'eux, mais le petit campagnard champenois n'avait pas hérité à sa naissance d'un patrimoine de mots ordonnés dans une armée de livres : l'amour de ceux-ci lui vint avec leur usage, et leur usage – au sens artisanal ou opératoire du terme – fut sa passion. On connaît la prière bachelardienne : « Dès le matin, devant les livres accumulés sur ma table, au dieu de la lecture je fais ma prière de lecteur dévorant : Donnez-nous aujourd'hui notre faim quotidienne [3]!... »

Vue prise du clocher de Saint-Maclou au début du siècle.

Mais Bachelard ne lisait pas seulement pour lui, pour sa délectation, l'enrichissement de son esprit, la recharge de ses propres pensées. En nous introduisant généreusement dans son oratoire et en nous faisant don, sous forme de livres, du fruit de ses lectures et de ses réflexions, il nous a en même temps fourni une méthode de lecture que de nouvelles générations de critiques littéraires, de philosophes et d'historiens des sciences n'ont pas fini d'explorer, mais dont la richesse et la profondeur se sont aussitôt révélées. De cette lecture en *animus* et en *anima*, il nous a fourni la clé dans un texte semi-confidentiel de *la Poétique de la rêverie* [4], dont tout philosophe ou tout poète devrait faire son bréviaire :

« C'est à l'*animus* qu'appartiennent les projets et les soucis, deux manières de ne pas être présent à soi-même. A l'*anima* appartient la rêverie qui vit le présent des heureuses images. Dans les heures heureuses, nous connaissons une rêverie qui se nourrit d'elle-même, qui s'entretient comme la vie s'entretient. Les images tranquilles, dons de cette grande insouciance qui est l'essence du féminin, se soutiennent, s'équilibrent dans la paix de l'*anima*. Elles se fondent, ces images, dans une intime chaleur, dans la constante douceur

Vallée de l'Aube entre Bar et Fontaine.

Le tour de ville et le pont sur l'Aube.
Bachelard y passait quatre fois par jour pour aller au collège.

où baigne, en toute âme, le noyau du féminin. Répétons-le puisque c'est la thèse qui guide nos recherches : la rêverie pure, comblée d'images, est une manifestation de l'*anima*, peut-être la manifestation la plus caractéristique. En tout cas, c'est dans le royaume des images que, philosophe songeur, nous cherchons les bienfaits de l'*anima*. Les images de l'eau donnent à tout rêveur des ivresses de féminité. Qui est marqué par l'eau garde une fidélité à son *anima*. Et d'une façon générale, les grandes images simples, saisies à leur naissance dans une rêverie sincère disent bien souvent leur vertu d'*anima*... »

Ces grandes images simples, inductrices et propagatrices de rêverie, nous savons que le philosophe les extrait des quatre éléments dynamisés de la matière, l'eau – qu'il vient d'évoquer – et la terre, ces principes féminins, l'air et le feu, ces éléments mâles. Mais la découverte bachelardienne est plus subtile : toutes les images de la rêverie – et qui, mieux que l'auteur de *la Psychanalyse du feu* ou de *la Flamme d'une chandelle*, a su exalter la poésie des flammes ou la liaison de l'amour, de la mort et du feu ? – sont susceptibles d'exprimer leur vertu d'*anima*. Instants détachés d'une rêverie

L'église Saint-Maclou vue du fond de la promenade.

naturelle, documents poétiques ou images « littéraires » fonctionnant comme inducteurs de rêverie, concepts épistémologiques délestés de leur poids de raison et réduits à telle image germinative – grain de poussière ou substance calorique –, ils relèvent tous d'une appréhension ou d'une lecture en *anima*. Peut-on se montrer, après de multiples lectures de son œuvre suivant la double direction indiquée, plus bachelardien que Bachelard ? « Je ne suis pas le même homme, avouait-il à la suite du texte précité, selon que je lis un livre d'idées où l'*animus* se doit d'être vigilant, tout prêt à la critique, tout prêt à la riposte – ou un livre de poète où les images doivent être reçues dans une sorte d'accueil transcendantal des dons. » Mais le penseur qui s'est octroyé – et qui nous a octroyé – *le Droit de rêver* [5] sans restriction, et qui a découvert dans la force de l'imagination la source commune de la découverte scientifique et de la création artistique, n'a pas plus séparé dans sa bibliothèque réelle que dans sa bibliothèque idéale les livres d'idées des livres d'images (poétiques). En dépit d'une répartition apparemment très nette entre ses ouvrages d'histoire ou de philosophie des sciences et ceux qui ont fait leur miel de la lecture des poètes, en dépit également

Maison de Bachelard à Bar-sur-Aube de 1926 à 1930.

de certains « disciples » intempestifs qui ont voulu voir dans la vie et l'œuvre de Bachelard une évolution, sinon une mutation du scientifique au poétique [6], on soutiendra ici la thèse de l'unité de sa pensée. « Quelquefois je pense, quelquefois je suis », avouait le poète-philosophe Valéry : en dépit des apparences, il n'en était pas moins cartésien. S'il est vrai, comme l'a justement noté Quillet dans son livre sur Bachelard [7], que les racines de notre affiliation au monde sont féminines *(anima!)*, mais que notre activité consciente, nos projets, notre volonté de maîtriser le monde par l'esprit sont d'essence masculine *(animus!)*, la double lecture à laquelle nous convions désormais le lecteur bachelardien ne devra pas le conduire à choisir, par alternance ou succession, des livres préalablement disposés sur deux rayons de bibliothèque. C'est à sa double polarité psychique que nous ferons appel, ou à sa capacité double d'expérimenter en lui, à partir d'un médium objectif indifférent, le *cogito* du rêveur et celui du penseur pleinement éveillé : pointe extrême de la subjectivité qui dissout le *je* dans un inépuisable objet ; acte de naissance de l'objectivité qui réduit le *je* au clair regard, détecteur ou figurateur de concept.

Aux environs de Bar-sur-Aube.

L'univers bibliomental de Bachelard : poètes, philosophes, savants

Nous introduirons à la lecture poétique et à la lecture philosophique de Bachelard par une évocation brève de quelques-uns de ses principaux relais ou inducteurs, poètes, philosophes et savants. Non certes que la curiosité ou la puissance d'accueil de l'homme se soit limitée à ces catégories d'inventeurs (n'a-t-il pas pratiqué avec délices les conteurs, préfacé ou commenté plusieurs artistes contemporains, les dessins de la Bible de Chagall, les gravures de Marcoussis ou de Flocon, les sculptures de Waroquier ?), mais lorsqu'il déchiffre ou exprime en mots l'énergie créatrice du peintre ou du graveur au travail [8], les images matérielles qu'il fait sourdre de sa contemplation active ou rêveuse, et que sa plume recompose à sa manière en les commentant, ne sont pas d'une espèce différente des images *littéraires* jaillies d'entre les vers de Blake ou d'Eluard : Bachelard demeure ce lecteur, ce liseur impénitent où il s'est si bien reconnu. « Nous ne sommes qu'un lecteur, qu'un liseur. Et nous passons des heures, des jours à lire d'une lente lecture les livres *ligne par ligne*, en résistant de notre mieux à l'entraînement des histoires (c'est-à-dire à la partie pleinement consciente des livres)... [9] » A ses confidences de *la Terre et les Rêveries de la volonté* font écho celles de *la Poétique de la rêverie* ou de *la Flamme d'une chandelle :* « Lire, toujours lire, douce passion de l'*anima* [10]... Seul, la nuit, avec un livre éclairé par une chandelle [11]... »

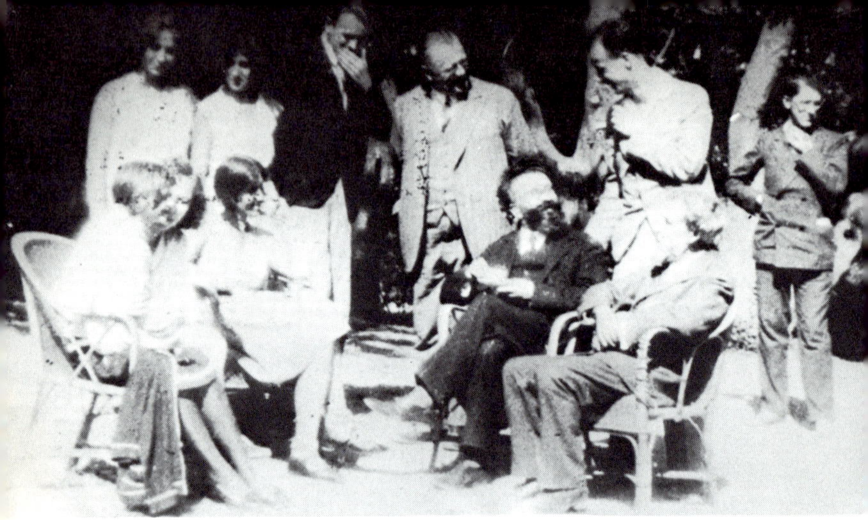

A la Décade de Pontigny, 1929.

Mais nous pouvons déjà nous douter que si les poètes ou les auteurs traités poétiquement sont accueillis en *anima*, les philosophes ou les savants du passé ou du présent ne se réduisent, pour le philosophe et épistémologue Bachelard, ni à une constellation d'idées ou d'images ni à des figures diversement pittoresques : appréhendés avec toute la fougue combative de l'*animus* – les anciens étudiants de la salle C de l'ancienne Sorbonne se souviennent du renfort qu'y apportaient le verbe et l'accent bachelardiens –, les livres de philosophie, d'épistémologie ou de science sont pour notre auteur soit des moments de sa propre pensée, soit – le plus souvent – des occasions exemplaires d'exercer dans ses cours magistraux ou derrière sa table de travail cet esprit de polémique par lequel s'est exprimé inlassablement son génie novateur.

Nerval parlait d'un « épanchement du songe dans la vie réelle ». Louis Guillaume a pu écrire, à propos de Bachelard et de son long compagnonnage avec les poètes [12] : « Nous assistons à un épanchement de la poésie dans l'âme de ce grand philosophe. » La poésie et les poètes ou, incidemment, le couple dialectique poésie-philosophie, ont retenu, depuis *la Psychanalyse du feu*, l'attention passionnée de Bachelard.

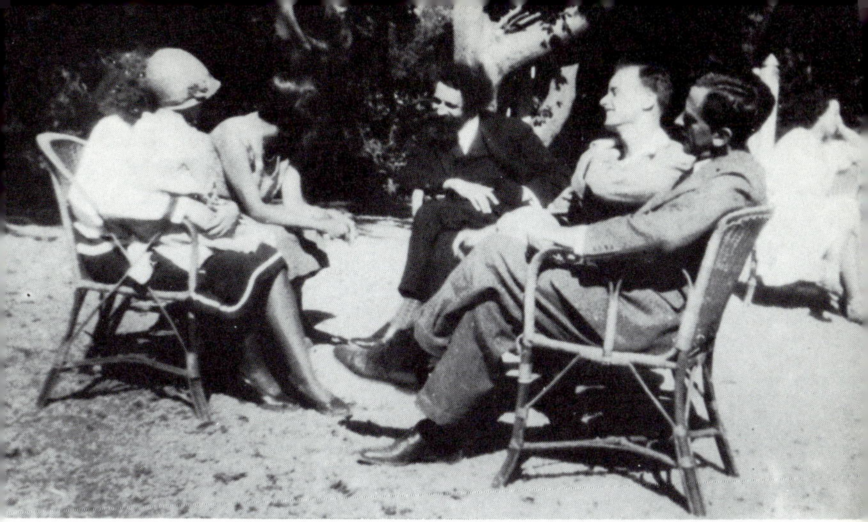

C'est par des vers d'Éluard [13] qu'il ouvrait et fermait le premier de ses ouvrages consacrés à l'imagination de la matière ; Éluard, le plus aimé de ses amis poètes, le plus souvent cité dans ses livres. Dans une émission radiophonique de mai 1954 [14] consacrée à la philosophie et à la poésie, il déclarait au seuil de ses propos : « Toute poésie est surprenante. Elle est par essence une nouveauté du langage... Lire un poème véritable, c'est vivre la surprise du dépassement du langage humain... » Et, appelant encore la poésie le moins passif de tous les arts, il en faisait une réalité humaine éminente, source de vie et de connaissance, grâce à laquelle « flamboie l'inconscient ». C'est chez les poètes – et très souvent chez les poètes contemporains, ceux qu'il a connus et aimés, et qui l'ont aimé, et qui ont appris, à le fréquenter, beaucoup sur eux-mêmes et sur leur art – qu'il a appris lui-même ses meilleures leçons de poétique et c'est à leur contact qu'il s'est forgé une philosophie du langage dont il est permis aujourd'hui, par un regard rétrospectif sur ses premiers livres d'épistémologie, de constater, ici ou là, quelques traces non thématisées. Sur ce pont qu'établit le langage (et la réflexion sur le langage) entre philosophie et poésie, nous aurons l'occasion de revenir.

S'il ne fut pas lui-même un poète, au sens des classifications traditionnelles et des définitions techniques, il devint, selon le mot de Guillaume, « le meilleur sourcier poétique de son époque ». Une confidence à demi échappée (vite reprise) à Jacques Charpier, dans un autre entretien radiophonique sur *le Parloir des poètes* [15], nous laisserait entrevoir un Bachelard poète. Mais quoi ! Quand on a acquis de la poésie une connaissance intime, la comprenant comme une « explosion du langage », une « ramification du mot, entouré d'une atmosphère d'images », ou encore une « grappe d'images » ; quand on a, selon une admirable image poétique de *l'Eau* [16], « rendu aux pensées leur avenue de rêves » et appris aux poètes que leur tâche primordiale était de « désancrer en nous cette matière qui veut rêver », ne peut-on être consacré poète ?

L'amour et la pratique de la poésie, source de la méditation bachelardienne du langage, sont aussi à l'origine d'une nouvelle philosophie de l'imagination. En notre temps où les mythes n'ont plus cours, écrit Bachelard, « l'imagination ne peut s'éclairer que par les poèmes qu'elle inspire. Son rôle est de former des images qui *dépassent* la réalité, qui la *chantent*. Elle invente la vie nouvelle, elle invente l'esprit nouveau... Cette adhésion à l'invisible, voilà la poésie première, voilà la poésie qui nous permet de prendre goût à notre destin intime. Elle nous donne une impression de jeunesse et de jouvence en nous rendant sans cesse la faculté de nous émerveiller. La vraie poésie est une fonction d'éveil... Le monde n'existe poétiquement que s'il est réinventé [17]. » Cette réinvention du monde et ces images qui dépassent la réalité en la chantant, Bachelard les a surtout trouvées chez les poètes surréalistes ou ceux qui, comme Lautréamont, sont généralement considérés comme leurs devanciers. Il ne lui fallut pas moins d'un livre – son *Lautréamont* date de 1939 – pour rendre à l'auteur des *Chants de Maldoror* l'hommage dû à l'audace, libératrice de l'imagination, source d'images nouvelles. « Les métaphores ducassiennes, écrit-il [18], ont eu l'avantage de désancrer un type de poésie qui s'abîmait dans une tâche de description. » (Bachelard ne manque aucune occasion de souligner la platitude de la description.)

Et il découvre dans ces étranges accouplements de formes, d'images ou d'idées, dans ces transferts de la vie animale à l'existence humaine, l' « infra-rouge de la vie ardente », les principes d'un animisme, dont il se fera le hardi propagandiste, sans préjudice de son rationalisme épistémologique! Ne nous a-t-il pas appris lui-même que le « savant, lorsqu'il quitte son métier, retourne aux revalorisations primitives [19] » et que l'alchimie « règne dans un temps où l'homme aime plus la nature qu'il ne l'utilise [20] »? Autrement dit, partout il recherche un lien primordial entre l'homme et le monde, même dans ses constructions rationnelles, car – il l'écrit encore dans *la Psychanalyse du feu* [21] *;* « On ne peut étudier que ce qu'on a d'abord rêvé. » Lautréamont et les poètes surréalistes lui ont révélé cette dimension onirique et animiste d'application universelle. Nous nous en souviendrons au moment d'étudier sa philosophie de la découverte scientifique et sa conception de la vérité. Contentons-nous à présent d'évoquer avec lui l'antériorité psychique – et peut-être aussi ontologique ou génétique – des images par rapport aux idées. Parlant, dans *la Philosophie du non*, d'un objet parfaitement rationnel comme l'atome, il apprend aux philosophes et aux scientifiques à ne pas oublier les poètes [22] : « Il ne nous semble pas, en effet, qu'on puisse comprendre l'atome de la physique moderne sans évoquer l'histoire de son imagerie. » Lui-même avait compris (en *anima!*), à l'école de Lautréamont, que si l'animisme anime les choses, il lui faut au contraire désanimer les êtres pour les ordonner dans un nouvel ensemble. Ainsi en est-il du serpent, « le plus terrestre des animaux », « racine valorisée », « trait d'union entre le règne végétal et le règne animal [23] ». Ou encore du poisson, « énergie latérale », qui « nage à coups de flancs », et dont « la queue n'est que l'heureuse convergence de ses deux flancs [24] ». De pareilles métaphores ne se contentent pas de donner à voir ou à penser : elles constituent pour notre psychè de véritables agressions. Comme la célèbre racine sartrienne de *la Nausée*, « pétrie dans de l'existence », « masse monstrueuse et molle », « d'une effrayante et obscène nudité [25] », dont l'évocation surréaliste traduit, au niveau de notre affectivité la plus profonde, ce qu'une longue analyse abstraite arriverait difficilement à faire assimiler à notre intelligence.

On le voit : la lecture bachelardienne des poètes n'est pas un délassement, au sens banal du terme. Elle n'est pas même un oubli de la lecture des philosophes et des savants, puisqu'elle est une incitation permanente à les comprendre de plus loin et du dedans. Quand notre auteur fait confidence à son partenaire de la radio de ses exercices hygiéniques du matin – la lecture d'un ou de plusieurs poèmes –, on peut être assuré que cette « mise en train » tonifiera, tout au long de la journée et de la studieuse soirée, les paroles du maître et les pensées du philosophe. La profondeur du rêve – rêve dans un rêve – de Novalis, l'imagination aérienne de Supervielle, le prophétisme de Blake, poète du « dynamisme vertébré », le bonheur de la voix et la « longue jouissance des voyelles » de Rimbaud, l'expérience poétique intégrale de Mallarmé, que reflète le « complexe de Narcisse » et qui exprime un « miracle du mouvement », l'excitation chaleureuse

d'un Audiberti ou l'ivresse de l'organisation d'un Valéry chez qui « les idées chantent » : voilà, parmi beaucoup d'autres enseignements du matin, quelques fortes leçons de poésie, mais aussi de philosophie, valables pour la journée, pour une vie de penseur, pour plusieurs générations d'hommes.

Avant de prendre congé – provisoirement – des poètes, il n'est pas inutile de rappeler que le dernier cours public de Bachelard, philosophe des sciences, fut consacré pendant l'année universitaire 1954-1955 à la faculté de rêver. A un journaliste qui l'interviewait [26], il faisait cette déclaration : « Jean Lescure m'a appelé à la littérature ; il m'a fait entrer dans la compagnie de ses amis les poètes... Ils venaient à mes cours publics ; souvent j'ai parlé pour les poètes, oubliant les philosophes. Avec ces poètes qui ne se prenaient pas toujours au sérieux, j'ai connu de vraies fêtes de l'amitié. »

Chez ses amis Lescure.

Dans la cour de la Sorbonne en 1944 : les professeurs E. Bréhier, P. Mouy, R. Bayer, G. Bachelard, H. Gouhier, E. Souriau, J. Laporte et P. Romeu, bibliothécaire (de g. à d.).

Si la rencontre des poètes fut la fête de l'amitié, celle des philosophes fut le plus souvent l'occasion de belles empoignades. Avec les philosophes du passé, comme avec ceux du présent, encore que Bachelard réservât à ces derniers, sans un atome de méchanceté (il en était incapable), les plus malicieuses, les plus acérées, les plus ironiques de ses flèches. Tard venu à la carrière universitaire, et encore plus tard à ce qu'on est convenu d'appeler les honneurs ou la gloire, ce petit campagnard, « né dans un pays de ruisseaux et de rivières [27] », devenu vers la vingtième année un modeste employé des Postes, ambitionnant de devenir ingénieur, mais détourné de ce projet par la guerre de 1914-1918, entamant à trente-cinq ans une carrière de professeur de sciences au collège de Bar-sur-Aube, se lançant alors dans la philosophie pour recueillir successivement à trente-huit ans son agrégation, à quarante-trois son doctorat, à quarante-six son premier poste de faculté à Dijon et à cinquante-six sa chaire de Sorbonne, ne pouvait pas avoir à l'égard des grandeurs d'établissement philosophique la même attitude déférente que beaucoup de ses collègues, nourris dans le sérail et à la courbe de vie et de pensée moins discontinue que la sienne ! Quand avec l'âge lui vint cette figure de prophète ou de bon génie des légendes nordiques – chevelure de neige et barbe de fleuve – qui pour beaucoup d'entre nous restera le Bachelard vivant – celui que l'on rencontrait chez les bouquinistes de la Montagne-Sainte-Geneviève, dans les couloirs de la Sorbonne, à la tête d'un jury d'agrégation, dans les colloques de Pontigny, les congrès internationaux ou aux conférences du Palais de la Découverte –, cette méfiance à l'égard des systèmes philosophiques trop bien charpentés et fermés sur eux-mêmes ou à l'égard des solutions connues d'avance, ne fit que s'accentuer. Ce qui me frappe, à la lecture des ouvrages doctrinaux de Bachelard, c'est leur allure provocatrice. Provocant! Cet adjectif, si souvent pris en mauvaise part – que dire des agents provocateurs! –, j'en ferais personnellement hommage à Bachelard philosophe et professeur. A combien d'entre nous, étudiants d'agrégation, il apprit, par sa fougue et son don des formules percutantes, l'art de manier les idées avec provocation sans manquer au respect dû à l'authenticité ou à la profondeur d'une pensée! N'a-t-il pas d'ailleurs écrit et répété : « Le monde est ma provocation »?

Mais chez ce maître qui savait toujours sauver du naufrage la plus plate leçon d'étudiant et réconforter avec bonté l'agrégatif aux abois, on ne trouvera pas trace d'indulgence à l'égard des « forts », voire des gloires consacrées de la philosophie de son temps. Ce n'est pas le lieu – et ce serait contraire à l'esprit de Bachelard, historien de la pensée scientifique – de suggérer les éléments de psychologie individuelle ou de caractérologie qui le rendaient allergique au style et à la pensée d'un Sartre, par exemple. Mais relisons dans sa très polémique *Activité rationaliste de la physique contemporaine*, deux passages [28] d'ailleurs fort courts (et comme mis entre parenthèses), d'une part une citation de *l'Être et le Néant* (« Le mouvement est une maladie de l'être ») qui veut prouver que Sartre est bergsonien malgré lui, d'autre part une formule existentialiste commentée (« Il semble à un existentialiste que lorsqu'on écrit que l'homme-est-dans-le-monde-devant-la-transcendance-à-accomplir, on traduise mieux le trajet du destin cosmique de l'homme à la destinée à accomplir »). Même si sa première remarque se rattache à l'antibergsonisme fondamentalement philoso-

Avec Bernard Groethuysen et Jean Wahl.

Avec W. Jankélévitch et Henri Focillon.

Pontigny, 1939.

Avec Jean Schlumberger et Léon Brunschvicg.

phique de Bachelard, et si la seconde lui sert de modèle pour expliciter la méthode de « trajectoire de mots » employée par le physicien anglais Sidgwick [29], l'ironie est perceptible, et le vieux philosophe de la place Maubert, à qui parviennent, sans doute avec un certain retard, les rumeurs de Saint-Germain-des-Prés, rend « le pape de l'existentialisme » responsable de la mode du jargon philosophique qui pour beaucoup de ses contemporains – et des nôtres ! – tient lieu de pensée. Nous pourrions évoquer un texte plus cruel, dont l'ironie et le ton burlesque renforcent encore la portée, quand, s'en prenant à un passage particulièrement échevelé de *l'Être et le Néant* [30], qu'il cite d'autant plus volontiers qu'on dirait une parodie de son propre style (mais aussi, pourquoi Sartre, qui affecte une superbe indifférence à l'égard de la science, vient-il soudain, sans raison apparente, parler de « la signification ontologique de l'antinomie du continu et du discontinu, *pôles féminin et masculin du monde* » et de son « développement dialectique jusqu'à la théorie des quanta » ?), il commente [31] : « Pour arrêter cette perspective de sexualisation de la mécanique des quanta, nous suffira-t-il, sur un mode champenois, de dire à l'onde sartrienne : « Garde-toi, Belle Onde, il y a un essaim de photons sous ta robe ? »

Mais les racines de la polémique bachelardienne sont beaucoup plus profondes. « Cette polémique perpétuelle, comme l'écrit Dominique Lecourt [32], loin de relever d'une disposition psychologique individuelle, a un sens théorique et profond. Son principe est à chercher, hors la philosophie, dans les bouleversements qu'a connus l'histoire des sciences au début de ce siècle : développement des géométries non euclidiennes, théorie de la Relativité, débuts de la Microphysique. » Or, le « scientifique » que fut et demeura Bachelard, qui vint à la philosophie par une réflexion prolongée sur des problèmes proposés par l'histoire des sciences – mathématiques, physique, chimie – et qui n'a jamais pu supporter l'indifférence affichée par certains philosophes à l'égard des sciences, s'est heurté à des systèmes de pensée autarciques, à des théories de la connaissance élaborées en dehors de la science en marche, de la science vivante. S'étant donc proposé pour tâche exaltante de « donner à la science la philosophie qu'elle mérite [33] », il lui fallut non seulement élaborer une philosophie en marge de toutes les philosophies existantes, mais se battre contre elles afin d'en sauver les vérités utilisables ou d'en dénoncer le contenu apparent. Cet admirateur passionné des vieux livres, et même des vieux livres de sciences que personne ne lit plus et dont les auteurs seraient sans lui demeurés à jamais inconnus, vivait en même temps les péripéties exaltantes de la science moderne, tourné vers le futur, non le futur intemporel des utopies poétiques, mais un futur socio-historique où les progrès de la science iraient de pair avec ceux de la pensée scientifique, comblant peu à peu le fossé entre la théorie et la pratique, dissolvant progressivement les idéologies parasitaires, édifiant cette « cité scientifique » où l'homme, « créature de désir », aurait sa place entière. On comprend dès lors pourquoi les dernières années et les derniers livres de Bachelard furent plus occupés de langage, de poésie et de rêverie que de science ou d'épistémologie : le vieil homme, loin des laboratoires, privé du contact de ses collègues scientifiques ou des savants internationaux naguère rencontrés dans les congrès [34], à un moment où, dans tous les domaines, les sciences expérimentales et leurs applications techniques faisaient de prodigieux bonds en avant, ne pouvait plus, sans risquer de tomber dans l'une de ces philosohpies traditionnelles qu'il avait toujours combattues, continuer à faire de l'épistémologie. Il eût lui-même ironisé sur l'épistémologue en chambre. N'avait-il pas d'ailleurs livré l'essentiel de sa pensée novatrice dans une quinzaine d'ouvrages, sans compter d'innombrables articles, comptes rendus critiques, communications à la Société de philosophie et ailleurs, préfaces de livres ? Ayant voulu tout au long de sa carrière interroger les savants pour leur demander avec une naïveté apparente quelle était la philosophie de leur pratique, et s'étant rendu compte qu'ils n'en avaient pas, ou encore – comme il l'écrivait, désabusé, dès sa *Philosophie du non* – « qu'ils ne professaient même pas toujours la philosophie de leur propre science [35] », il ne pouvait pas, loin de la science et des savants, coiffer son œuvre d'épistémologue par une « philosophie de philosophe » !

Si l'on veut prendre la mesure la plus juste du débat fondamental de Bachelard avec les philosophes et les savants et apprécier au mieux son esprit de provocation, c'est à l'avant-propos de *la Philosophie du non* qu'il faudra emprunter quelques formules maîtresses. Cet avant-propos s'intitule « Pensée philosophique et esprit scientifique ». La contradiction qu'il décèle entre la science, ou plutôt les problèmes de la science, et la réflexion philosophique, mériterait davantage d'être appelée incompatibilité d'orientation, confusion des domaines ou décalage historique. En effet, la science est par fonction et nécessité historique tournée vers l'avenir, ouverte vers un progrès incessant et un champ illimité d'applications techniques. La philosophie, nécessairement finaliste et fermée [36], ne peut être efficace que dans le domaine où elle a pris naissance : une catégorie originellement grammaticale ou psychologique ne se transpose pas impunément dans le domaine de la matière physique [37]. Ou encore, pour prendre l'exemple d'une philosophie à laquelle Bachelard savait rendre souvent un hommage qui n'était pas de pure forme, le « choc » de la relativité ne permettait plus, à qui voulait donner à la science la philosophie qu'elle mérite, de tenir le temps et l'espace pour des « formes *a priori* de la sensibilité » : ils apparaissaient désormais comme des activités catégorielles de l'homme et comme des fonctions de l'esprit. On pourrait évidemment rétorquer que la science de la première moitié de ce siècle et les efforts de Bachelard pour lui appliquer une réflexion adéquate et efficace seront inévitablement marqués par le signe du temps et que des concepts épistémologiques, aujourd'hui valides, seront périmés demain. Mais, si l'on veut bien considérer le caractère historique de l'épistémologie de Bachelard [38], si l'on ne sépare pas son travail de *philosophe* des sciences de celui d'*historien* des sciences, les axes majeurs de sa pensée, ses critiques et ses thèses risquent bien d'être assurés d'une longue survie. En effet il a annoncé le temps des « philosophes anabaptistes [39] » (dont il occupe le premier rang), abjurant toutes les croyances et tous les dogmes des philosophies « pétrifiées », mais s'efforçant en revanche d'être de véritables historiens des sciences, c'est-à-dire des dialecticiens, s'attachant particulièrement aux moments « critiques » de la science, demeurant continuellement disponibles et vigilants, fondant et rectifiant leurs jugements historiques à la lumière de l'épistémologie. En affirmant, d'un livre à l'autre, que le jugement *récurrent* et *normatif* [40] de l'historien-philosophe des sciences est à réviser sans cesse, autrement dit que l'épistémologie des « nouveaux philosophes » reste ouverte, il se met – et nous met – en état de comprendre que les concepts produits par la connaissance scientifique doivent être retravaillés [41], et que l'histoire sanctionnée – selon son expression – ne liquide pas définitivement le passé : l'histoire périmée – celle des échecs, des impasses – instruit autant l'historien des sciences que celle des réussites et des réorganisations positives. Et elle le laisse dans une disposition d'esprit propice à l'invention et à la découverte. C'est sans doute là le secret de la vitalité, de la juvénilité intellectuelle de Bachelard, de son étonnante modernité. « Quand tout change dans la culture, écrit-il avec conviction, et les méthodes et les objets, on peut s'étonner qu'on donne l'immobilité philosophique comme un mérite [42]. » Et cette pointe de malice qui vise, une fois de plus, Meyerson [43] : « « Tel philosophe qui écrit à soixante ans défend encore la thèse qu'il soutint à trente ans. La carrière entière, chez certains philosophes d'aujourd'hui, est ainsi une « soutenance continuée ». La culture scientifique réclame de plus grands renoncements. » C'est ainsi qu'en proposant dans sa *Philosophie du non* un « essai de philosophie du nouvel esprit scientifique », il formule avec véhémence à l'égard des philosophes et des savants des exigences qui sont autant de provocations. « Nous demanderons aux philosophes de rompre avec l'ambition de trouver un seul point de vue et un point de vue fixe pour juger l'ensemble d'une science aussi vaste et aussi changeante que la physique [44]. » On songe, parmi d'autres, à Bergson, dont Bachelard fut sur tous les plans le tenace adversaire, et au célèbre texte de *la Pensée et le Mouvant* sur l'intuition « centrale » du philosophe qui aurait passé toute sa vie et écrit tous ses livres pour répéter sous des formes diverses une seule et même idée. Il pense aussi, peut-être, à un philosophe qui fut son collègue et pendant de longues années un maître admiré de la Sorbonne, pour lequel il éprouvait d'ailleurs amitié et respect : Léon Brunschvicg. Quant aux savants, les questions qu'il leur pose peuvent apparaître encore plus déconcertantes, car nous voyons un épistémologue, ennemi des descriptions comme des anecdotes, se faire psychologue et interroger ses interlocuteurs sur leur humeur, leur état d'esprit, leurs hésitations, disons leur humanité. « Aux savants, nous réclamerons le droit de détourner un instant la science de son travail positif, de sa volonté d'objectivité pour découvrir ce qui reste de subjectif dans les méthodes les plus sévères. Nous commencerons en posant aux savants des questions d'apparence psychologique et peu à peu nous leur prouverons que toute psychologie est solidaire de postulats métaphysiques... Nous demanderons donc aux savants : « Comment pensez-vous, quels sont vos tâtonnements, vos essais, vos erreurs? Sous quelle impulsion changez-vous d'avis?... Donnez-nous surtout vos idées vagues, vos contradictions, vos idées fixes, vos convictions sans preuve... Dites-nous ce que vous pensez, non pas en *sortant* du laboratoire, mais aux heures où vous quittez la vie commune pour *entrer* dans la vie scientifique. Donnez-nous, non pas votre empirisme du soir, mais votre vigoureux rationalisme du matin, l'*a priori* de votre rêverie mathématique, la fougue de vos projets, vos intuitions inavouées [45]. »

Un pareil langage, reconnaissons-le, ne devait guère être compris des philosophes et des savants, et les injonctions de Bachelard furent assez peu suivies d'effets. Et pourtant! Si l'on veut comprendre l'histoire d'une pensée, d'une découverte, d'une science, peut-on négliger l'étude du terrain socio-culturel ou des données anthropologiques qui en ont conditionné l'émergence? L'originalité et le « scandale » de Bachelard, c'était de vouloir faire parler à l'épistémologie ou à l'histoire des sciences le langage de la psychologie, de la sociologie ou de l'anthropologie culturelle. Le scandale, aux yeux de philosophes traditionnels, c'était de faire de systèmes de pensée comme l'empirisme ou le rationalisme, traditionnellement liés à une œuvre ou à une époque et à une explication unifiée du monde, des humeurs changeantes, sans statut, sans lettres de créance, sans passé respectable! Je sais bien que l'humeur et la fougue de notre auteur y sont pour quelque chose et que le contexte (et le ton employé) module souvent le contenu intellectuel du texte. Mais, comme on le verra plus loin, et comme Bachelard n'a cessé d'y revenir dans les dix années qui séparent *la Philosophie du non* du *Rationalisme appliqué* [46], cette rupture radicale avec les philosophies traditionnelles et surtout la fixité de leurs appellations est liée à deux idées fondamentales : le « déplacement » systématique de *toute* théorie philosophique de la connaissance par rapport à la pratique effective des savants ; la dispersion sous la forme d'un « spectre » de tous les types de théorie de la connaissance autour de la réalité du travail de production des concepts scientifiques, ce que D. Lecourt appelle une « topologie [47] » de la philosophie.

Poètes, philosophes et savants : si les rencontres de Bachelard avec les premiers sont marquées d'un signe contraire à celui de ses rencontres avec les deux autres cohortes biblio-humaines qui peuplent son univers, elles excitent toutes son activité inventive ; elles lui donnent cette joie de vivre et de créer, d'enseigner et d'être instruit ; elles chassent, fût-ce par la mémoire ou la rêverie, l'humeur mélancolique et la tristesse auxquelles le vieux philosophe solitaire était parfois enclin, au soir de sa vie. C'est dans une lettre du 30 juin 1959 à Pierre-Jean Jouve, récemment publiée dans les *Cahiers de l'Herne* [48], que nous recueillerons cet aveu (à mettre au dossier de la problématique : unité de l'œuvre ou évolution). Bachelard vient de recevoir *Paulina* [49] : « ... J'ai votre *Paulina*. J'avais lu ce livre jadis. Mais il y a trente ans savais-je lire ? J'étais dans la tension des pensées sur la science. Je me donnais corps et âme – tardivement hélas ! – au travail mathématique. Mais depuis la poésie m'a touché – tardivement aussi, car toute ma vie est sous le signe du tardif. Maintenant, en mon vieil âge, je ne voudrais plus lire que des livres parfaits. Il faut m'en envoyer... » Et l'émotion que lui a procurée la lecture de ce livre qui « va au fond des douleurs humaines » fait naître sous sa plume l'une de ces images poétiques aussi profondes que belles : la plus grande douleur, « celle qui est un tissu serré de bonheur et de faute ». Et il avoue : « Je n'ai cessé de trembler en lisant. » « Je ne sors pas, écrivait-il encore, mais ma fenêtre est ouverte. » L'homme aux livres, mais possédant la clef de sa cellule et tenant sa fenêtre [50] ouverte à tous les courants de la vie et de la pensée, à toutes les influences, à toutes les aventures intellectuelles, c'est l'image que j'aimerais garder de ce philosophe de l'imaginaire au moment d'examiner les temps forts de sa pensée et de son œuvre.

Une phénoménologie de l'imaginaire

Si, pour rester fidèle à notre thèse de l'unité profonde de la philosophie scientifique et de la philosophie poétique de Bachelard, ainsi qu'à la nécessité de lire *tous* ses ouvrages en *animus* et en *anima*, nous voulions rapprocher des textes appartenant à différentes époques de sa vie et témoignant de préoccupations diverses, nous reconnaîtrions vite qu'il faut en chercher le lien et le liant dans une théorie transcendantale de l'imagination créatrice. Les meilleurs commentateurs de Bachelard l'ont reconnu depuis longtemps. Dans un article publié dès 1954 dans la *Revue philosophique* [51], Jean Hyppolite célébrait le « romantisme de l'intelligence » comme caractéristique de sa philosophie, entendant par là une puissance « déniant toute limite à une imagination créatrice », « ouvrant sans cesse des perspectives nouvelles et refusant toute fermeture » ; puissance de l'intelligence qui, pour citer les propres termes de Bachelard, « construit sa propre surprise et se prend au jeu de ses questions ». Sans vouloir tabler sur des influences auxquelles le libre jeu et l'utilisation si personnelle des citations et des références rendent la détermination malaisée, il est difficile de ne pas évoquer Novalis – toujours présent dans son œuvre – et par conséquent la pensée de Fichte [52] ou celle de Schelling, qui poursuivaient d'ailleurs un mouvement amorcé par Kant lui-même dans la voie d'une généralisation de l'imagination, imagination transcendantale, projet de l'être [53]. Cette imagination généralisée, dont Hegel disait qu'elle était la raison même, est productrice de concepts aussi bien que d'images ; ce serait une erreur que de vouloir en faire la seule puissance d'*anima*. Disons qu'elle peut tantôt dériver vers la rêverie, tantôt soutenir et accroître la portée de l'entendement. C'est ce qu'a bien vu F. Dagognet dans son *Bachelard* [54], lorsqu'il souligne les mises en garde de notre auteur et les différentielles de sa pensée, toujours au-delà des schémas réducteurs. « Ce n'est pas moi non plus, écrit Bachelard dans sa *Poétique de la rêverie* [55], qui tenterai d'affaiblir par des transactions confusionnelles la nette polarité de l'intellect et de l'imagination... Quand le concept a pris son essentielle activité, c'est-à-dire quand il fonctionne dans un champ de concepts, quelle mollesse – quelle féminité! – il y aurait à se servir d'images... Ce n'est pas moi non plus qui, disant mon amour fidèle pour les images, les étudierai à grand renfort de concepts. La critique intellectualiste de la poésie ne conduira jamais au foyer où se forment les images poétiques. »

Distinction de l'entendement et de l'imagination, de l'idée et de l'image (« Une image factice est une image faite avec des idées [56] »), mais surtout rejet de toute philosophie intellectualiste. Si l'on voulait, sur un seul exemple, présenter une théorie de l'imagination située aux antipodes de celle de Bachelard, on pourrait songer à Alain, son aîné de quelque dix ans. Et pourtant ils auraient pu se rejoindre sur le terrain de l'activité créatrice de l'*homo faber!* Il n'est que de relire les réflexions d'Alain sur le travail du potier ou de comparer son esthétique du réalisme opératoire avec les pages consacrées par Bachelard à l'éloge de la main et au travail du graveur [57]. Mais quant au reste, ainsi que le souligne Jean-Claude Pariente dans un article de *Critique* de janvier 1964 [58], l'intellectualisme – pourtant contestataire – d'Alain caractérise aux yeux de Bachelard cet esprit de système des philosophies pétrifiées. Fidèle à une longue tradition « classique », issue des Grecs, et dont notre XVIIe siècle s'est fait, notamment avec Pascal et les cartésiens, le défenseur juré, l'imagination reste encore pour lui « maîtresse d'erreur et de fausseté » ou, pour le citer, « une perception fausse ». L'imagination, pour Alain, s'oppose à l'œuvre, puisque celle-ci est ce par quoi l'artiste se délivre de l'imagination, c'est elle qui « termine et efface les rêveries », car « aucune rêverie n'est œuvre », comme il écrit dans son *Système des*

Beaux-Arts [59]. Malgré sa distinction de l'*animus* et de l'*anima*, de l'imagination créatrice diurne et de la rêverie nocturne, Bachelard ne pouvait pas admettre cette idée que l'imaginaire se dissout dans la coïncidence entre une perception et une affection, pas plus que l'idée d'une rêverie « oisive [60] » (Alain ne pouvait pas en concevoir d'autre). L'originalité d'un Bachelard, aussi difficile à tolérer par les rêveurs exclusivement épris de leur propre subjectivité que par les esprits scientifiques ou les philosophes tournés vers la seule objectivité du monde, c'est de soutenir la thèse que l'homme doit et peut accéder à l'humanité en se confrontant avec l'objectivité et en reconnaissant aux mondes imaginaires une réalité d'un autre type que celle du perçu, mais non moins consistante. Il veut constituer une ontologie de l'image et, pour ce faire, commencer par respecter son être propre, l'appréhender dans sa singularité, et la saluer comme le produit d'une création, au même titre que d'autres produits de l'activité humaine. Sartre avait tenté dans *l'Imaginaire* [61] de préciser les caractéristiques structurales de l'image ; mais sa phénoménologie de l'imagination se réfère constamment, et presque malgré elle, à une phénoménologie de la perception, et l'image demeure finalement le substitut d'une perception irréalisable. Au fond, pour Sartre, l'imaginaire n'a pas d'existence propre, elle représente un moyen spécifiquement humain d'évoquer ou de modifier par le projet notre rapport au monde de la perception et de l'action. Comme l'écrit Pariente : « Pour Alain, l'image était erreur sur le perçu ; pour Sartre, elle devient neutralisation du perçu [62]. »

De cette phénoménologie de l'imaginaire, Clémence Ramnoux a tenté une analyse aussi prudente que fine dans un article de la *Revue de Métaphysique* [63] auquel j'ai d'ailleurs emprunté une partie du titre. Réservant la question de savoir si Bachelard a inscrit son œuvre sur deux lignes de travail, elle n'en reconnaît pas moins, par un examen de sa carrière et des incidences de sa vie domestique ou de l'histoire du monde sur ses propres travaux, que cette œuvre se présente en ligne brisée. Cette constatation n'est pas étrangère à son essai de définition de la méthode de Bachelard. Sur ses « réactions au malheur » et sa manière courageuse de tourner l'obstacle par un élargissement de son horizon intellectuel, la plongée dans

Claude Monet, Nymphéas, détail, musée de l'Orangerie.

« Et c'est ainsi que les arbres de la berge vivent dans deux dimensions. L'ombre de leur tronc augmente la profondeur de l'étang. On ne rêve pas près de l'eau sans formuler une dialectique du reflet et de la profondeur. Il semble que, du fond des eaux, on ne sait quelle matière vienne nourrir le reflet. Le limon est un tain de miroir qui travaille. Il unit une ténèbre de matière à toutes les ombres qui lui sont offertes. Le fond de la rivière a aussi, pour le peintre, de subtiles surprises. »

de nouvelles lectures, la révision de ses propres pensées, on ne saurait manquer à la discrétion dont lui-même faisait preuve, même à l'égard de ses proches, et c'est dans ses livres qu'il faut retrouver, comme en filigrane, des confidences qui ne sont rien moins qu'anecdotiques, mais révélatrices de nouvelles dispositions mentales. Si l'on admet, avec C. Ramnoux [64], que la plongée dans l'imaginaire a commencé avec le second volume de la série des quatre éléments, *l'Eau et les Rêves*, écrit pendant la première partie de la Seconde Guerre mondiale, dans un Paris occupé par les Allemands, et une Europe presque entièrement en proie aux forces de l'Axe, on relit avec un sentiment particulier ces quelques lignes qui terminent la conclusion de l'ouvrage, sur la parole de l'eau [65] : « Il faudra que l'être malheureux parle à la rivière. Venez, ô mes amis, dans le clair matin, chanter les voyelles du ruisseau! Où est notre première souffrance?... Elle est née dans les heures où nous avons entassé en nous des choses tues. Le ruisseau vous apprendra à parler quand même, malgré les peines et les souvenirs... » A une heure où, dans les rangs de la Résistance qui commençait à se lever, des philosophes et des poètes luttaient à main nue contre les nazis tout en chantant « la rose et le réséda », et où l'exaltation de la nature, loin d'être un refuge ou un oubli facile des malheurs du temps, s'alliait de façon poignante à l'amour des hommes et de la liberté, ces lignes du philosophe vieillissant, qui se souvenait d'une autre guerre et du deuil cruel que la victoire lui réservait [66], prennent tout leur relief : « Le ruisseau vous apprendra l'euphorie par l'euphuisme, l'énergie par le poème [67]. » Mais si les dernières pages de *l'Eau* nous livrent, dans la correspondance des images dynamiques de cette fraîcheur *parlée*, l'art de la consolation d'un psychisme douloureux, les premières esquissent avec force pour la première fois les éléments principaux de sa doctrine de l'imagination matérielle. Et si nous voulons rester fidèle à l'esprit de Bachelard, historien des sciences et des idées, nous considérerons du haut de ce belvédère la suite de son œuvre, mais aussi les ouvrages d'épistémologie qu'il écrivit entre 1927 et 1940, non pas avec la volonté simplificatrice d'y trouver les signes annonciateurs ou les conséquences inéluctables de sa doctrine de 1941, mais avec le souci d'y chercher l'unité d'un dynamisme interne. On a déjà dit l'opposition de

Bachelard à l'idée bergsonienne d'un point de vue central. Mais c'est à lui-même que l'on empruntera cette image, recueillie par le poète Jean Lescure dans un de ses derniers cours (1953-1954), celle du *point vélique* : « Ce point que les dictionnaires décrivent comme celui où est appliquée la résultante de toutes les actions du vent sur les voiles, il le construisait à l'intersection de cette force résultante et de la force de résistance que la mer oppose à l'avance du navire [68]. »

Pour nous, le point vélique du bachelardisme est sa phénoménologie de l'imaginaire. Et d'abord, sa définition toute personnelle et fondamentale de l'*imagination matérielle :* c'est celle « qui donne vie à la cause matérielle [69] ». Elle se distingue de l'imagination *formelle* sans d'ailleurs s'y opposer. Une image matérielle est une image dynamique, « on la rêve substantiellement, intimement, en écartant les formes, les formes périssables, les vaines images, le devenir des surfaces ; elle a un poids, elle est un cœur [70] ». Son dépistage des images dynamiques et des images superficielles ou platement littéraires de l'eau le conduira à interroger Balzac et Baudelaire, Hugo et Claudel, d'Annunzio, Huysmans, Novalis, Poe, Mallarmé, Swinburne, Ossian, et des dizaines d'autres poètes ; peu de philosophes en vérité : encore s'appellent-ils Empédocle et Paracelse, et Leibniz n'est cité que pour les vers latins qu'il écrivit en l'honneur du chimiste Brandt qui avait découvert le phosphore! Ne nous en étonnons pas : aucun philosophe avant lui n'avait eu l'idée ou l'audace de « faire pénétrer la raison dans l'ordre détaillé des images familières [71] » afin de devenir plus rationaliste. Car, on ne cessera de le répéter : si Bachelard crée une poétique en empruntant ses documents aux poètes, s'il se laisse aller à une psychologie de la rêverie littéraire, il a trouvé également dans ses recherches épistémologiques antérieures « cette matière onirique riche et dense, aliment inépuisable pour l'imagination matérielle [72] ». Il lui manquait seulement d'avoir trouvé la formule et pris une conscience suffisamment claire et synthétique de ses découvertes. M. Georges Canguilhem a eu le mérite, en rééditant des textes de Bachelard [73], moins connus et difficilement trouvables, datant des années 1931-1934, de manifester aux yeux du lecteur moderne plus familiarisé avec

« Aussi dès qu'on rapproche les thèmes alchimiques fondamentaux des intuitions décisives du peintre, on est frappé de leur parenté. Un jaune de Van Gogh est un or alchimique, un or butiné sur mille fleurs, élaboré comme un miel solaire. Ce n'est jamais simplement l'or du blé, de la flamme, ou de la chaise de paille : c'est un or à jamais individualisé par les interminables songes du génie. Il n'appartient plus au monde, mais il est le bien d'un homme, le cœur d'un homme, la vérité élémentaire trouvée dans la contemplation de toute une vie.

Devant une telle *production* d'une matière nouvelle, retrouvant par une sorte de miracle les forces colorantes, les débats du figuratif et du non-figuratif se détendent. Les choses ne sont plus seulement peintes et dessinées. Elles naissent colorées, elles naissent par l'action même de la couleur. Avec Van Gogh, un type d'ontologie de la couleur nous est soudain révélé. Le feu universel a marqué un homme prédestiné. Ce feu, au ciel, grossit justement les étoiles. Jusque-là va la témérité d'un élément actif, d'un élément qui excite assez la matière pour en faire une nouvelle lumière. »

Van Gogh, La Nuit étoilée, musée d'Art moderne, New York.

Van Gogh, Les Meules en Provence, coll. particulière.

ses écrits « poétiques », quelques traces d' « itinéraires de recherches et de problématiques » dont la préface de *l'Eau* formule la théorie, et que toute la série d'ouvrages sur l'imagination matérielle illustre diversement. Dans *le Monde comme caprice et miniature*, qui rappelle au lecteur entendu *le Monde comme volonté et représentation* de Schopenhauer, (l'élégance de Bachelard évite de citer le titre ou l'auteur ; plus tard il ironisera en lançant avec malice : « Le monde est ma nausée, dirait un Schopenhauer sartrien [74] »), est traité le thème des rapports de la rêverie et de la perception de l'espace. On y voit à l'œuvre, sans qu'elle soit encore nettement formulée comme au chapitre I, § 3 de *la Terre et les Rêveries du repos*, ou au chapitre 7 de *la Poétique de l'espace*, l'idée d'une imagination miniaturisante, fruit de la volonté du rêveur, c'est-à-dire d'une rêverie de la volonté, belle et originale définition du caprice. A la différence du géomètre, qui n'a pas besoin d'imaginer, car « il voit *exactement la même chose* dans deux figures semblables dessinées à des échelles différentes [75] », le philosophe qui rêve par le truchement des poètes ou de conteurs comme Charles Nodier dont le héros, Trésor des fèves, s'installe dans une calèche féerique grosse comme un haricot, transcende la représentation par l'imagination : « La représentation n'est plus qu'un corps d'expression pour communiquer aux autres nos propres images [76]. » Et dans la phrase suivante de *la Poétique de l'espace*, Bachelard, qui se réfère alors explicitement à Schopenhauer, précise : « Dans l'axe d'une philosophie qui accepte l'imagination comme faculté de base, on peut dire, sur le mode schopenhauerien : « Le monde est mon imagination. » Je possède d'autant mieux le monde que je suis plus habile à le miniaturiser [77]. »

Mais ces lointaines études épistémologiques fournissent bien d'autres exemples d'imagination valorisante, qui ne détourne pas de la vérité puisque l'imagination « ne se trompe jamais », n'ayant pas à confronter une image avec une réalité objective. Elles dénoncent également la prétendue objectivité d'explications qui n'en sont pas et opposent, sur le plan des vérités scientifiques, une imagination apte à saisir la complexité du réel et étroitement unie à l'expérience organisée, à l'observation immédiate ou à l'intuition matérialiste. C'est encore à Schopenhauer qu'il s'en prend dans son article « Lumière et

Substance [78] ». Fidèle à sa méthode d'épistémologie historique, qui le conduit à replacer un philosophe ou un savant dans son temps, et à ce type de recherches qu'il appellera plus tard la psychanalyse de la connaissance objective, il dénonce dans la *Philosophie et Science de la nature* [79] du philosophe allemand un substantialisme et un anthropomorphisme d'un autre âge – celui des physiciens du XVIIIe siècle –, et aussi une volonté de puissance et un réalisme « où un psychanalyste noterait une avarice de célibataire [80] ». Car, expliquant la lumière par la matière en se servant du concept vague d'affinité matérielle, usant de métaphores telles que la digestion de la lumière par des corps chimiques, l'absorption de la lumière par l'eau qui en fera de la chaleur « en satisfaisant son avidité à s'évaporer », les substances se rassasiant de lumière, il exploite l'intuition d'*absorption*, dont la prétendue clarté objective n'est en somme que « le reflet d'une clarté subjective d'essence plus trouble [81] ». En dénonçant « les illusions premières » et en opposant à l'idéalisme « immédiat » celui qu'il appelle discursif, il définit dans un autre article [82], mais sans la nommer, la fonction majeure de l'imagination. En effet, quand il nous fait assister à la naissance de ce psychisme nouveau qu'il appelle *ortho-psychisme*, et où l'apodictique s'est substitué à l'assertorique, quand il oppose, à un intellect passif recevant intuitivement les idées les unes à côté des autres, un esprit dynamisé qui organise et hiérarchise la réalité tout en hiérarchisant et organisant ses propres attitudes, il désigne à n'en pas douter l'imagination structurante et valorisante, l'imagination matérielle, qui est centrée dans la profondeur ou l'intimité des choses elles-mêmes et qui établit un pont entre le sujet et l'objet, entre l'Esprit et la Nature. On comprend mieux cette paradoxale – voire scandaleuse – expression de *subjectivisme objectif* qu'il utilise dans son étude des *Recherches philosophiques*, mais qu'il commente en des termes que reprendront, à propos de l'imagination, les livres sur les quatre éléments : « Le sujet, en méditant l'objet, élimine non seulement les traits irréguliers dans l'objet, mais des attitudes irrégulières dans son propre comportement intellectuel. Le sujet élimine ses singularités, il tend à devenir un objet pour lui-même. Finalement la vie objective occupe l'âme entière [83]. » On retiendra cette dernière phrase, car elle résume l'activité imageante du bache-

Chagall, illustrations pour la Bible.

« Cet œil vivant regarde le plus grand des passés : il découvre, il voit, il montre les êtres de la vie première ; il fait vivre pour nous ce grand temps immobile où les êtres naissent et croissent comme des tiges inflexibles, où les hommes sont, de premier jet, des êtres surhumains ... Chagall lit la Bible, et tout de suite sa lecture est une lumière... »

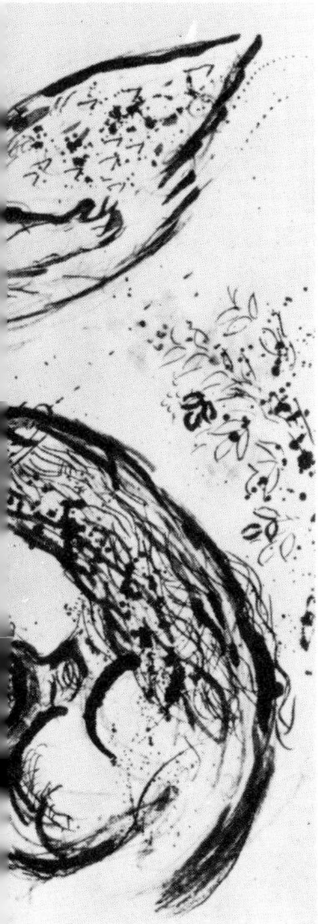

Eden (cf. Genèse II, 25) : « Sur fond d'oiseaux, dans ce Paradis qui chante avant de parler, apparaît l'homme, l'homme créé double, mâle et femelle, comme le dit le verset de la Genèse (I, 26-28). Un rêve d'androgyne traverse plusieurs planches du livre. Les corps sont unis, primitivement unis, avant d'être séparés... Le peintre est ici un bon psychologue de la tentation partagée. »

Agar dans le désert (Genèse XXI, 14-19) : « Les femmes de la Bible ne rêvent-elles pas à cette pérennité qu'un fils donne à leur existence ?... Après la page méditative, toute noire, où Agar caresse Ismaël, vient la page toute blanche où Agar entend les consolations de l'ange du ciel. La servante, elle aussi, a droit à une lignée. »

Rachel et Jacob (Genèse XXIX, 10-11) : « Une planche de Chagall nous montre Rachel accueillant Jacob. Le regard dit tout. Comme elle regarde Jacob !... Rachel ! Rachel ! quel bonheur d'oreille ! Et voici que Chagall en fait un bonheur des yeux. Le dessinateur fait, avec de grands noms, des êtres vivants. »

Ruth aux champs (Ruth II, 2, 7) : « Quelle joie pour moi de voir illustrés des noms qui sont, pour un vieil écolier français, des gîtes de rêverie! J'ai couru bien vite, en ouvrant le recueil, aux pages qui nous peignent l'histoire de Booz endormi... Et j'ai vu Ruth plus simple, plus vraie que je ne l'ai jamais imaginée... Avec Chagall nous nous souvenons qu'il faut beaucoup d'épis perdus pour faire une gerbe... »

Esther et Mardochée (Esther II, 5-11) : « Voyez les planches consacrées à Esther. Deux fois Mardochée la regarde. D'abord comme s'il était une figure du nuage, une figure d'en haut. Ensuite, tout proche et en toute clarté, Mardochée aux yeux vifs adjure l'hésitante... Esther est là, toute blanche, immobile, hésitante. Enfin elle accomplit l'acte suprême de l'héroïsme féminin. »

Jonas (Jonas I et II) : « Chagall ne ruse pas avec la légende. Le poisson est là, parfois plus petit que le Prophète, parfois déjà digérant le naufragé! Ainsi le veulent les rêveries qui jouent à l'invraisemblable sur la dialectique du contenant et du contenu. La mer aussi n'est-elle pas à elle seule un gigantesque poisson? »

lardisme, dont la préface de *l'Eau* a donné la clef : « L'imagination invente plus que des choses et des drames, elle invente de la vie nouvelle ; elle invente de l'esprit nouveau ; elle ouvre des yeux qui ont des types nouveaux de vision [84]. » Cette vision est active [85], elle voit dans les choses, selon le mot de Rimbaud, plus que les choses, mais elle n'est pas désordonnée, ni ne se veut pure fantasmagorie ; elle est l'invention d'un *sens nouveau* à partir d'archétypes qu'elle découvre ou crée dans les choses elles-mêmes, qu'elle trouve et réactive dans certaines images littéraires, celles qui précisément donnent à voir ou à rêver. Quand Bachelard écrit [86] : « La fraîcheur d'un paysage est une manière de le regarder », et qu'il ajoute : « Il faut sans doute que le paysage y mette un peu du sien, il faut qu'il tienne un peu de verdure et un peu d'eau, mais c'est à l'imagination... que revient la plus longue tâche », il indique dans ce transfert du sujet vers l'objet et dans cette correspondance entre un système d'images et une typologie des tempéraments, le sens et la portée de sa phénoménologie. Cette distinction et cette liaison du sujet et de l'objet, nous les trouvons à l'œuvre aussi bien dans la psychanalyse que dans la phénoménologie bachelardiennes, et c'est même à la conjugaison de ces deux méthodes que nous devons l'originalité de l'épistémologie phénoménologique qui nous occupe. « La phénoménologie de la nouveauté pure dans l'objet, a-t-il écrit dans *le Rationalisme appliqué* [87], ne pourrait éliminer la phénoménologie de la *surprise* dans le sujet. » Nous verrons le parti que Bachelard saura tirer de cette thèse dans ses réflexions critiques sur l'histoire des sciences, qui comportent, étroitement liées, une histoire de la vérité et une psychologie des erreurs. Si la fraîcheur d'un paysage est une manière de le regarder, et non un état d'âme, comme le pensait Amiel, c'est bien parce que l'imagination est créatrice d'êtres et non reproductrice, comme la mémoire, d'états d'âme ; c'est parce qu'elle se libère d'images parasitaires, véritable fonction *déréalisante* – selon les termes de Bachelard [88] –, à laquelle correspond, comme vocable fondamental, celui d'imaginaire. Elle est, au sens propre du terme, un regard neuf projeté sur le monde. Fonction éminemment propre à la découverte scientifique comme à la création artistique, s'il est vrai, comme l'écrit G. Canguilhem [89], que l'esprit doit être vision « pour que la raison soit revision » et « que l'esprit soit poétique pour que la raison soit analytique dans sa technique et le rationalisme, psychanalytique dans son intention ». Dans *la Psychanalyse du feu*, il revient, une fois de plus, sur l'idée que l'imagination est par excellence de la production psychique, « plus que la volonté, plus que l'élan vital [90] » ; et dans *la Terre et les Rêveries de la volonté*, sur celle-ci, à savoir que l'image matérielle, en approfondissant l'être superficiel, « ouvre une double perspective : vers l'intimité du sujet agissant et dans l'intérieur substantiel de l'objet inerte rencontré par la perception [91] ». L'image participe véritablement à une ontogenèse de la conscience.

Cette conception de l'imagination permet d'envisager la création artistique comme une métaphysique instantanée, au lieu d'être dispersée dans la durée : « ... Elle doit donner une vision de l'univers et le secret d'une âme, un être et des objets tout à la fois [92]. » Dans ce cas, la dualité du sujet et de l'objet est « irisée, miroitée, sans cesse active dans ses inversions [93] ». Même dialectique du sujet et de l'objet, qui s'incarne dans la plénitude instantanée du projet, à propos du travail scientifique. Car l'instant – « le temps qu'on utilise » – est celui de l'invention ou de la découverte, celui de l'éclosion des idées. Mais ces instants qui ponctuent la vie de l'esprit ne sont que la rançon d'une polémique constante et toujours inachevée, d'une tension de l'esprit et du réel. Dès l'*Essai sur la connaissance approchée*, où la raison était opposée à l'image vivante et foisonnante, Bachelard ne pouvait se résoudre ni à accepter une conception dualiste de la connaissance, ni à résorber entièrement cette opposition à l'intérieur du développement rationnel. « L'intérieur même du concept chez les esprits les plus géométriques, écrivait-il, est encore envahi par les images. La besogne n'est jamais finie de débarrasser ces formes de la matière originelle que le hasard y avait déposée [94]. » Mais à cette date, il considère cette aura irrationnelle du concept comme une nécessité dont le philosophe doit tenir compte, ou comme une difficulté supplémentaire ; plus tard, il l'accueillera comme un bienfait intellectuel, car cette tension du concept et de l'image réveille le dynamisme de l'esprit – nous dirons l'imagination –, source de toutes les erreurs, certes, mais aussi point de départ de toutes les vérités.

Victor Brauner, Outil spirituel IV, 1959, coll. Iolas.

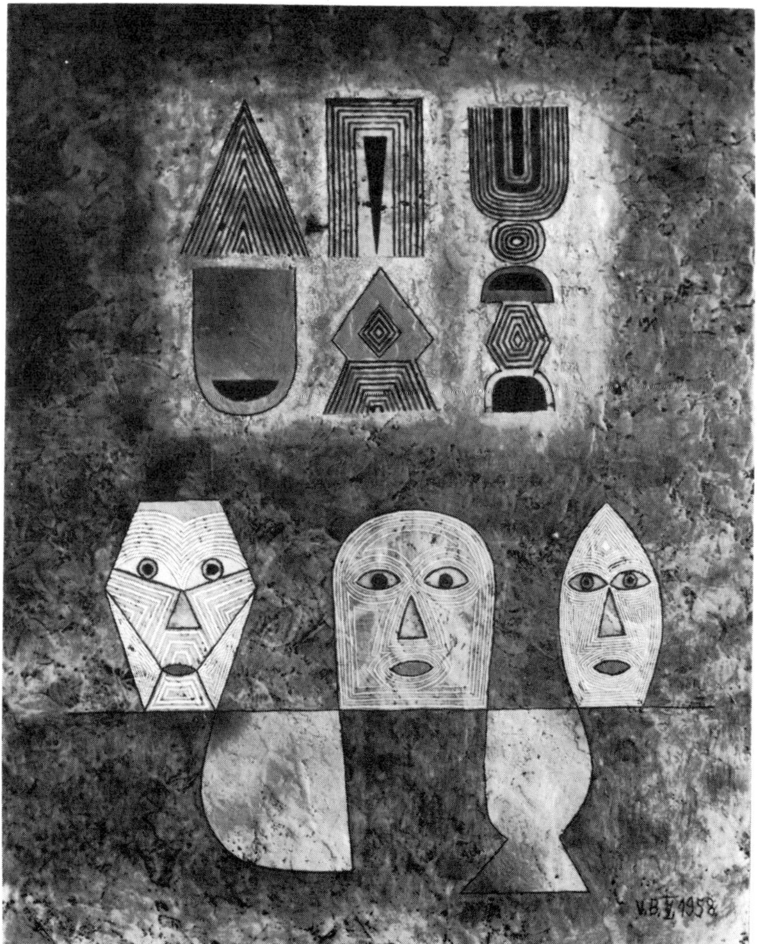

Victor Brauner, Origines de l'imagination de la matière, 1958, coll. Iolas.

Nous avons dit plus haut que, dans sa double investigation, Bachelard réunissait la méthode psychanalytique et la méthode phénoménologique. Il faut nous expliquer sur l'emploi de ces expressions, d'autant mieux que notre auteur tourne plutôt le dos à la psychanalyse freudienne comme à la phénoménologie husserlienne.

En effet, sans songer à sous-estimer l'influence profonde que le freudisme et la psychanalyse exercèrent sur le développement de sa pensée et sa méthodologie – dette qu'il a lui-même reconnue à maintes reprises, et dont deux titres de ses ouvrages portent la trace objective [95] – il faut bien admettre, que la souplesse d'esprit de Bachelard et la ductilité de sa fonction imageante s'opposent à la rigidité de la systématique freudienne, à sa rationalisation qui explique les rêves en faisant accéder l'inconscient au seuil de la conscience, qui conceptualise les symboles. Cette inversion de sens de la psychanalyse bachelardienne par rapport à celle du Maître de Vienne a été mise en valeur par F. Dagognet avec une particulière netteté [96] : « La psychologie analytique tue l'image qu'elle réfère, sinon à des conditionnements instinctuels, du moins à des situations infantiles. Mais il faut distinguer, voire opposer, la rationalisation et le rationalisme [97]. La seconde démarche consiste à comprendre ce que, à l'inverse, la première se borne à nier... L'anthropologue, l'ami de l'homme, doit entrer dans les images, y séjourner, en ressusciter l'animation, mais la psychologie, dédaigneuse de l'onirisme, le tient bientôt pour un mensonge et lui substitue ses propres interprétations. Elle remplace le symbole par l'idée. » C'est là le péché majeur pour Bachelard, sourcier de l'imagination ou historien des sciences. Car si, comme nous le verrons, l'image poétique ou le symbole animiste sont presque toujours un obstacle à l'explication rationnelle d'un phénomène scientifique, l'épistémologue ne doit pas les éliminer en les *remplaçant* par un concept transparent à l'intelligence, mais les tenir en réserve dans un recoin de sa conscience, pour se livrer, le cas échéant, à la psychologie de la dépsychologisation des concepts. De même que les erreurs sont nécessaires à la recherche de la vérité et les échecs à la formation du caractère, les images littéraires ou les rêveries substantialistes, *consciemment* « travaillées » ou « agies », révèlent leur positivité et leur efficacité,

Henri de Waroquier, Œdipe, dessin,B. N. Paris.

Laure Garcin, Noli me tangere, autoportrait, 1950.

« Des forces intimes s'entremêlent, des liens se déchirent et se tissent. La plus sombre matière ne peut nous laisser tranquilles dès que nous savons, avec le peintre passionné, que toute matière appelle un songe. »

même dans les entreprises intellectuelles, à condition de n'être ni transformées en idées ni évidemment confondues avec elles. En commentant la trouvaille de Bachelard de placer sa Poétique sous le signe des quatre éléments d'Empédocle, son éditeur et ami José Corti écrivait [98] : « Freud a psychanalysé bien des patients. Il a étendu sa méthode à la psychologie collective. Il n'aurait pas songé à psychanalyser un objet. » C'est là en effet un coup d'audace unique dans l'histoire de la pensée de notre siècle, que même les admirateurs et disciples de Bachelard n'entérinent pas sans peine. Le Dr Logre psychanalysait Lucrèce d'après son poème *De la nature* et Charles Baudouin Victor Hugo d'après ses images poétiques. La psychanalyse de Bachelard porte sur les choses, une forge, la pâte, la pierre, les eaux dormantes, la neige, à la rigueur une discipline scientifique – mais non tel maître qui l'enseigne –, les images du *Maldoror*, mais non Lautréamont lui-même. En rêvant la matière (et non *sur* la matière), je donne vie aux images qui y sommeillaient, je rattache leur vie propre à ces puissants archétypes dont la psychanalyse a montré l'efficacité. Mais (c'est Bachelard qui parle pour montrer une fois de plus la divergence de sa ligne de recherches par rapport à celle de Freud) : « Un symbole psychanalytique, pour protéiforme qu'il soit, est cependant un centre fixe, il incline vers le concept ; c'est en somme avec assez de précision un concept sexuel... L'image est autre chose. L'image a une fonction plus active [99]. » Il s'agit, bien sûr, de l'image matérielle, car l'image formelle est inerte, souvent réductible à un cliché littéraire, elle ne « dit » rien à l'imagination rêvante. La recherche et la thérapeutique freudiennes sont orientées par la découverte de la réalité sous l'image, celle-ci n'étant qu'un moyen de décrypter celle-là. Mais « elle oublie la recherche inverse : sur la réalité, chercher la positivité de l'image... Trop souvent, pour le psychanalyste, la fabulation est considérée comme cachant quelque chose. Elle est une couverture. C'est donc une fonction secondaire [100] ». A sa psychanalyse d'un nouveau genre, Bachelard a donné le nom de poético-analyse. On la comprendra encore mieux si l'on se souvient de la frontière tranchée qu'il a établie entre le rêve nocturne, qui dissout complètement le sujet dormant, et la rêverie, qui maintient la conscience à un certain degré d'acuité et d'activité (le *cogito* du rêveur en *anima!*). Elle lui permet aussi de donner son avis sur le phénomène de la censure. « Le rêve nocturne peut bien être une lutte violente ou rusée contre les censures. La rêverie nous fait connaître le langage sans censure. Dans la rêverie solitaire nous pouvons nous dire tout à nous-mêmes [101]. » C'est ainsi qu'en se tournant vers son enfance, par le jeu des souvenirs ou la rêverie alimentée aux souvenirs « littéraires » des autres, le philosophe y reconnaît plus volontiers le paysage souriant et attachant évoqué par Saint-Exupéry (« On est de son enfance comme d'un pays [102] ») que les obscurs avatars de la *libido* en situation œdipienne. Certes, il n'ignore pas le succès de certaines thérapeutiques à base de psychanalyse et l'intérêt de l'explicitation de certaines images pour dénouer de sourdes angoisses insurmontées, mais elles n'offrent aucun intérêt pour celui qui analyse la rêverie. Le dynamisme de l'image vécu dans la rêverie de l'eau, de la terre, de l'air ou du feu, ne relève pas de l'homme historico-social ou de l'homme biologique, mais de l'homme qui dépasse toutes ses déterminations, toutes ses limitations. « La psychanalyse étudie une vie d'événements, une vie qui n'engrène plus sur la vie des autres [103]. »

Test de Rorschach.

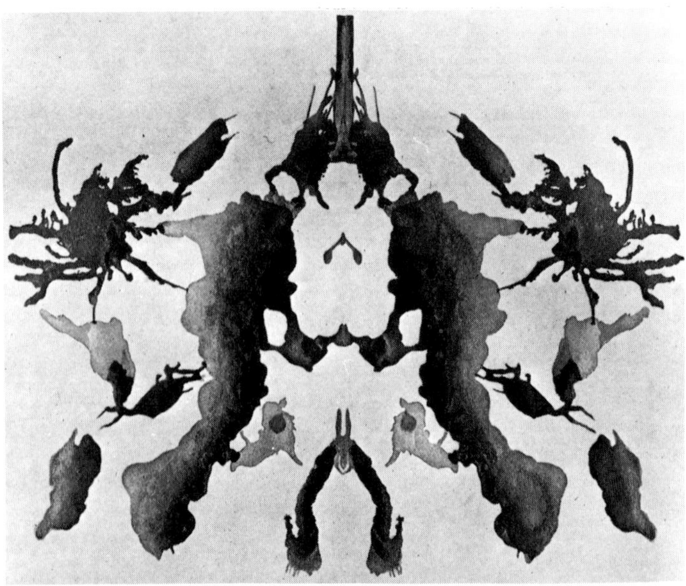

Henri de Waroquier, Œdipe,
musée d'Art moderne, Paris.

« Le peintre reculerait peut-être à fixer des formes aussi audacieuses, mais puisqu'il s'agit d'un temps de la métamorphose, d'une heure embryonnaire de l'œuvre d'art, l'homme qui jouit de la puissance démiurgique de modeler va jusqu'au bout des forces nées dans la substance de la terre. Il vit une heure complète de la vie et il sort de cette histoire tout apaisé. Modeler, c'est psychanalyser. »

« En fait, le masque que l'imagination extrait de la planche du Rorschach est une coupe instantanée dans un devenir de dissimulation. Ce masque d'un moment peut sans doute nous révéler un passé, mais il doit surtout nous indiquer une théologie de la dissimulation, une tentation constante de dissimuler, une aspiration à être autre que ce qu'on est. Le masque réalise en somme le droit que nous nous donnons de nous dédoubler. »

Christine Boumeester, « L'Insaisissable », lithographie extraite de A la gloire de la main, 1949.

La place nous manque pour apprécier, textes à l'appui, l'influence grandissante qu'exerça sur le développement de la pensée de Bachelard la théorie des archétypes selon Jung. Il est un fait que, dans ses références, ses citations, ses commentaires, le nom de Jung remplace progressivement ceux de Freud, Rank, Ellis, Jones, Allendy, qui occupaient si largement les pages et les notes de *la Formation de l'esprit scientifique*. La dialectique d'*animus* et d'*anima* n'est-elle pas elle-même une transposition de la doctrine androgynienne de Jung ? Mais Bachelard demeure profondément lui-même dans son refus d'accorder à l'image un substrat quel qu'il soit, de la référer à autre chose qu'à elle-même. Le droit de rêver, c'est aussi le droit pour l'image de n'être que soi. Comme l'écrit Michel Mansuy [104], « la métaphore poétique est un point de départ, non la résultante d'une pulsion ». Elle est, nous dit *l'Espace* [105], « un soudain relief du psychisme... L'acte poétique n'a pas de passé, du moins pas de passé proche le long duquel on pourrait suivre sa préparation et son avènement ». Traduire une image dans un autre langage que le logos poétique, c'est là pour Bachelard une véritable trahison, c'est refuser de voir dans l'image l'être même. Or la phénoménologie de l'imaginaire est une ontologie.

En rappelant ici le terme de phénoménologie, il faut indiquer en quoi la phénoménologie bachelardienne diffère profondément de la phénoménologie husserlienne, tout au moins de celle que notre philosophe a pu connaître, car l'œuvre – en partie encore inédite – de l'auteur des *Ideen* n'est pas réductible, comme on sait, à l'unité d'une seule coulée. Bachelard définit sa méthode en de nombreux passages de ses livres, mais c'est dans l'introduction du *Matérialisme rationnel* et dans celle de sa *Poétique de la rêverie* qu'il le fait de la manière la plus suivie et la plus nette. Il rappelle que la phénoménologie n'est pas une description empirique des phénomènes : « Décrire empiriquement serait une servitude à l'objet, en se faisant une loi de maintenir le sujet dans la passivité [106]. » Le phénoménologue, dit-il encore, peut utiliser les documents mis à sa disposition par le psychologue, mais il les met « sur l'axe de l'intentionnalité ». Jusque-là, rien ne le différencie de Husserl, sinon qu'il a choisi comme acte de visée, comme acte conscienciel – la conscience étant à elle seule un acte, l'acte humain par excellence –, l'image, l'image matérielle. Mais c'est précisément sur cette *visée* intentionnelle que va se nouer le problème des rapports de sa phénoménologie avec la phénoménologie classique. Donnons-lui encore la parole [107] : « La première instance spécifique de la notion de matière est la *résistance*. Or précisément, c'est là une instance qui est proprement étrangère à la *contemplation philosophique*... » S'inscrivant en faux contre toutes les philosophies contemplatives et contre ce que l'on pourrait appeler l'attitude objective classique, qui « attend les objets », qui « refuse le contact », qui « veut d'abord *voir* l'objet, le voir à distance, en faire le tour, en faire un petit centre autour duquel l'esprit dirigera le feu tournant de ses catégories [108] », il restitue au point de départ de l'acte de conscience la solidarité objet-matière. A une philosophie de la contemplation et à une phénoménologie de la visée, il opposera une philosophie de l'action et une phénoménologie matérialiste (au sens bien particulier qu'il donne à ce mot, que l'on doit rapporter à ses analyses de l'imagination matérielle) ; au clair regard de la conscience, il substituera une conscience *opiniâtre*, dont « le caractère directionnel s'inscrit fortement dans la réalité ». Sa phénoménologie de l'imaginaire prétend « débarrasser la philosophie du privilège des déterminations *visuelles* ». La phénoménologie de Husserl attribue à la conscience « une centralité excessive » : « Elle est un centre d'où se dispersent les lignes de recherches. Elle est vouée à toutes les affirmations immédiates de l'idéalisme [109]. » Dans ces lignes et dans celles qui suivent, on peut dire que Bachelard exprime l'une de ces thèses les plus constantes et les plus fortes. On en trouvera plus d'un écho dans son épistémologie. Le sujet bachelardien qui imagine tourne le dos au sujet cartésien ou husserlien qui contemple (ou qui expérimente le *cogito*). De même, l'objet que fait émerger le premier, l'image matérielle, n'a rien de commun avec celui qui est visé par le second, signes ou étiquettes. A la notion de *situation*, familière à la phénoménologie classique (et à l'existentialisme), on opposera celle de *champ d'obstacles*. Et voici une ultime condamnation de la première : « L'obstacle suscite le travail, la situation s'expose en descriptions [110]. » Cette philosophie oisive que le travailleur Bachelard, formé à la rude école du travail manuel, de la technique et de la science expérimentale,

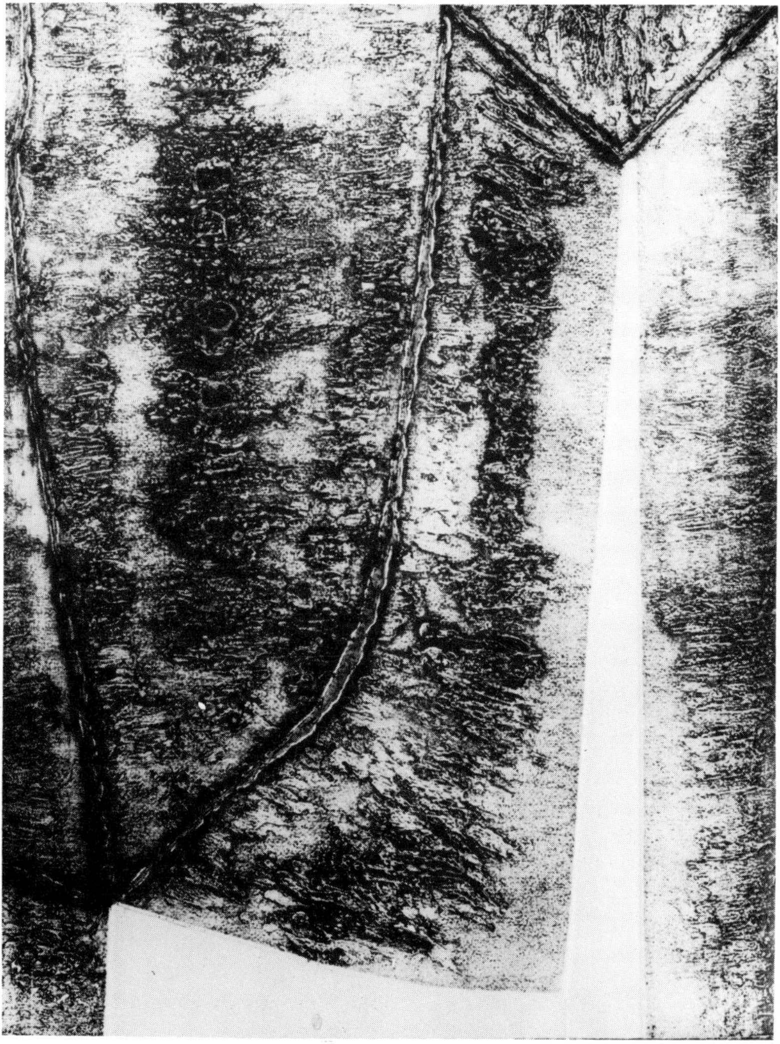

James Guitet, planche extraite des Rêveries de la matière, 1965.

« On peut même dire que, dans le rêve, toute fissure est une séduction de glissement, toute fissure est une sollicitation pour un rêve de labyrinthe. »

Marcoussis, Les Devins, 1946.

Les Lignes de la main.
L'Astrologue.
La Clef des songes.
Les Osselets.

Le Vol des oiseaux.

« Il est, dans toute divination, une spiritualité vive et mélancolique, un mélange de secrète sérénité et de légère angoisse, car le devin donne toujours un peu de sa propre lumière pour éclairer les autres [...] Que le devin regarde l'astre ou la main, l'oiseau ou le dé, la carte ou la clef, qu'il cherche la substance de l'avenir dans le nuage gonflé ou au nœud cristallin de la sphère limpide, le regard devinant suit toujours à la fois les deux principes contraires de la pénétration : l'intelligence et la sympathie, la force de l'âme et la délicatesse du cœur. » .

ne peut en aucune manière intégrer à sa doctrine, était également rejetée dans *la Terre et les Rêveries de la volonté.* Dans son chapitre sur la volonté incisive et les matières dures, qui s'ouvre sur une citation de Milosz [111] (« Tu as un cœur pour l'espérance et des mains pour le travail »), l'opposition de l'œil et de la main mérite d'être soulignée. La main, c'est-à-dire la main armée de l'outil (à moins qu'elle ne soit elle-même outil). « La main vide, les choses sont trop fortes... Les yeux en paix voient les choses, ils les découpent sur un fond d'univers et la philosophie – métier des yeux – prend la conscience du spectacle. Le philosophe pose un non-moi *vis-à-vis* du moi. La résistance du monde n'est qu'une métaphore, elle n'est guère plus qu'une « obscurité », guère plus qu'une irrationalité. Le mot *contre* n'a alors qu'un aspect de topologie : le portrait est contre le mur. Le mot *contre* n'a aucune vertu dynamique : l'imagination dynamique ne l'anime pas, ne le différencie pas. Mais si l'on tient un couteau dans la main, on entend tout de suite la *provocation* des choses [112]. »

On comprend dès lors que, pour définir sa méthode phénoménologique, qu'il applique aussi bien à l'imagination des quatre éléments qu'à sa philosophie des sciences, il ait dû recourir à un néologisme, dont il fait d'ailleurs grand usage : celui de phénoménotechnique. Il apparaît, peut-être pour la première fois, dans *le Nouvel Esprit scientifique*, où son usage est réservé à l'activité scientifique : « La véritable phénoménologie scientifique est bien essentiellement une phénoménotechnique [113]. » Dans *la Formation*, il était défini comme une *extension* de la phénoménologie [114], et dans *le Matérialisme rationnel* comme une *phénoménologie dirigée* [115].

Mais les choses sont toujours plus compliquées, plus nuancées, voire contradictoires, avec Bachelard. N'a-t-il pas répété à l'infini que « simplifier, c'est sacrifier », et que la réduction d'une philosophie à l'unité est illusoire ? Or s'il est vrai qu'en épistémologie, comme l'écrit F. Dagognet, « il part en guerre contre les succédanés de l' « ocularité », la forme, la formule [116] », il a écrit par ailleurs sur le regard des pages très belles et d'un grand accent de sincérité. Je pense notamment à son introduction à l'album de Marcoussis, seize cuivres gravés, seize figures de devins. Dans son texte sur « la divination et le regard [117] » chez Marcoussis, on peut lire des phrases comme celle-ci : « Pour un œil clair, tout est miroir ; pour un regard sincère et grave, tout est profondeur [118]. » Tout finit cependant par s'organiser dans la thématique et la *psychè*, car ces seize regards ne sont pas choisis au hasard : « Regardez-les regarder, et vous aurez une mesure de la volonté de voir, du courage de voir [119]. » La vision prophétique est particulièrement active, comme le travail du graveur que la rêverie bachelardienne suit, si l'on peut dire, de l'œil et de la main. Non, le regard que célèbre l'interprète des graveurs ne caresse pas superficiellement les objets : il est de la même nature que la main du travailleur, ce n'est pas le regard des philosophes contemplatifs.

Ainsi, intellectuellement excité (comme cela lui arrive toujours) par deux des plus importants mouvements de pensée de la première moitié du XXe siècle, Bachelard ne se laisse pas fasciner par le renouvellement qu'ils imposent à nos méthodes ou à nos habitudes intellectuelles : il creuse avec sûreté et énergie son propre sillon, nous imposant à nous-mêmes sa façon de voir – ou plutôt d'agir – les choses. Il n'y a là rien moins que de l'éclectisme, la pire philosophie aux yeux de Bachelard (et aux nôtres!), contre laquelle il n'a pas ménagé ses sarcasmes d'un bout à l'autre de son œuvre. La psychanalyse et la phénoménologie qu'il a utilisées à son profit lui ont permis d'étudier et d'approfondir les rapports originaux et originels qu'il avait découverts entre l'imagination des formes et celle de la matière, entre l'imagination créatrice et les images. En inversant les rapports traditionnels de l'imagination et de l'image, en faisant de la fonction imageante l'animatrice par excellence de la matière en sommeil, il a constitué une fonction de l'irréel, et bientôt une fonction du surréel. A partir des pulsions inconscientes et des forces oniriques qui s'épanchent sans cesse dans la vie consciente, il a créé une poétique *objective* de l'imagination, débouchant sur une métaphysique ou une ontologie de l'image. De même que c'est la nature – une nature naturante – qui fait sourdre les images et apaise la faim quotidienne de l'homme, de même, comme on le verra, c'est l'expérience scientifique qui, décapant les couches psychiques du savoir, met à jour le noyau historique et culturel de la vérité.

Une épistémologie de la raison ouverte

Il faut le dire ici avec netteté, même si l'on veut soutenir l'idée d'une unité fondamentale de l'œuvre de Bachelard : jamais notre auteur, ni dans ses ouvrages de philosophie des sciences, ni dans ceux de philosophie poétique, n'a confondu ses deux ordres de recherches. Ses déclarations ne laissent aucun doute à ce sujet. Combien de fois a-t-il dit ou écrit qu'il avait vécu deux vies, celle de la poésie enracinée dans le cosmique et l'élémentaire, celle de la science dans sa pureté et son abstraction ! « Les axes de la science et de la poésie sont inverses [120] », écrit-il dans *la Poétique de la rêverie*. Et dans *le Matérialisme rationnel* [121] : « L'attitude scientifique consiste précisément à résister contre l'envahissement du symbole. » Ou encore [122] : « Le concept scientifique fonctionne d'autant mieux qu'il est sevré de toute arrière-image. » En faisant de sa *Formation de l'esprit scientifique* une « contribution à une psychanalyse de la connaissance objective », il semble accroître encore la distance entre l'objet scientifique et l'image subjective. Ne s'agit-il pas, pour le mathématicien et le physicien, de passer au crible langage, formules, théorèmes et lois, pour en éliminer tout ce qui pourrait exprimer un signe quelconque d'affectivité, de psychologisme, d'historicité ? Longtemps avant d'avoir adapté à sa manière la dialectique jungienne d'*animus* et d'*anima*, il avait réfléchi à la bipolarité sexuelle du langage courant (en français et dans d'autres langues) et mis en garde le savant ou le philosophe des sciences contre le transfert de ce langage sexualisé dans sa langue technique. Historien de la chimie, il prémunit notamment le chimiste contre la féminité de la base et la masculinité de l'acide, dans un chapitre consacré à la libido et à la connaissance objective [123]. L'inconscient de l'élève, et même du savant – ce qui est plus grave –, conduit à attribuer à l'acide un rôle actif, à la base un rôle passif. Quant au fait d'appeler sel *neutre* le produit de leur réaction chimique, « cela ne va pas sans quelque retentissement psychanalytique » : Boerhaave ne parlait-il pas de sels hermaphrodites ? C'est pour Bachelard l'occasion de dénoncer ce qu'il appelle un obstacle épistémologique [124] et, dans ce cas précis, un obstacle animiste. Or on se souvient du rôle positif que l'animisme jouait dans ses recherches de poétique.

Ainsi, comme il l'écrit encore à son propre usage au début de *la Poétique de l'espace* [125], « un philosophe qui a formé toute sa pensée en s'attachant aux thèmes fondamentaux de la philosophie des sciences, qui a suivi, aussi nettement qu'il l'a pu, l'axe du rationalisme actif, l'axe du rationalisme croissant de la science contemporaine, doit oublier son savoir, rompre avec toutes ses habitudes de recherches philosophiques, s'il veut étudier les problèmes posés par l'imagination poétique ».

Mais le rationalisme auquel le conduit l'étude des problèmes scientifiques – car, pour lui, l'histoire des sciences est avant tout une série discontinue de problèmes – est aussi éloigné du rationalisme traditionnel que du psychologisme ou de l'animisme. Au rationalisme simplificateur, unificateur ou réducteur de l'irrationnel – celui d'un Meyerson, par exemple, qui joue, tout au long de son œuvre épistémologique, le rôle de contre-modèle –, il oppose un rationalisme pluraliste, différencié, « régional », « fonctionnel », perpétuellement interrogatif, inachevé, et par conséquent ouvert. Selon l'objet, le champ épistémologique, les circonstances expérimentales, la perspective historique auxquels il s'applique [126], il change d'allure. Bref, comme le souligne avec force la préface de *la Philosophie du non* à laquelle nous avions déjà fait allusion, la différence fondamentale, sur le plan psychologique et méthodologique, entre le rationalisme de Bachelard et celui des philosophes... rationalistes, c'est que le sien se construit progressivement [127] et sans idée préconçue à partir de l'expérience scientifique – c'est-à-dire de la pratique de la science – et de l'histoire critique des sciences, tandis que le leur se présentait dès le départ comme une architecture de concepts fermée sur elle-même, comme un système *a priori* à partir duquel on examinait des données ou des faits scientifiques.

Philosophie ou épistémologie de la raison ouverte! Ne retrouvons-nous pas dans cette « ouverture » le travail de « l'imagination ontico-ontologique, de nature opposée à l'imagination empirique, prisonnière du donné », comme l'écrit J. Hyppolite [128]? « L'imagination invente de l'esprit nouveau [129]... » En plaçant cette formule en tête de notre ouvrage, nous songions évidemment à l'appliquer à l' « invention » du nouvel esprit scientifique. Quant à la critique épistémologique des données ou des faits, ne rejoint-elle pas celle de l'empiricité à laquelle nous venons de faire allusion?

« Rien ne va par soi. Rien n'est donné. Tout est construit [130]. » Cette affirmation-négation triple, point de départ du nouvel esprit scientifique et de la « philosophie du non », est l'un des axes majeurs de la méthodologie scientifique de Bachelard, auquel se rapportent bien des thèses et des analyses dispersées tout au long de son œuvre. Quel est le sens de ce refus de l'évidence, des données immédiates de la conscience ou des « données » scientifiques, des vérités que d'aucuns disent premières? Celui par lequel il exprime une fin de non-recevoir à des philosophies qui sont loin d'être mineures, puisqu'il s'agit, dans un cas, de Descartes, et de Bergson, dans l'autre. Dès ses thèses de 1927 sur la connaissance approchée et l'étude du problème de la propagation thermique dans les solides, mais surtout dans *le Nouvel Esprit scientifique* de 1934, puis dans *la Philosophie du non* et *l'Activité rationaliste* [131], son opposition du construit au donné le conduit à réfuter l'épistémologie cartésienne. A l'époque de l'*Essai*, son antibergsonisme ne s'est pas encore affirmé (dans quelle mesure d'ailleurs – point d'histoire à éclaircir – le titre qu'il a donné à sa thèse ne voulait-il pas rappeler celui de la célèbre thèse de Bergson de 1889?), car il écrit [132] : « Si l'on peut espérer déterminer et revivre les « données immédiates » de la conscience, on ne voit pas comment restituer l'esprit immédiat. Aucune logique ne nous permet d'extrapoler les lois. » Et il ajoute [133] : « Ce qui est immédiat pour l'un ne l'est pas pour l'autre. Le donné est relatif à la culture, il est nécessairement impliqué dans une construction. » D'où cette proposition aussi forte que précise [134] : « Il faut qu'un donné soit reçu. Jamais on n'arrivera à dissocier complètement l'ordre du donné et la méthode de sa description non plus qu'à les confondre l'un dans l'autre. » D'où la condamnation de la doctrine cartésienne des natures simples et absolues [135]. Il prend d'ailleurs bien soin de ne pas condamner en elles-mêmes les thèses de la physique de Descartes – il est trop historien pour cela –, ni même un mécanisme d'inspiration cartésienne, mais l'idée même de nature simple, « donnée » à l'esprit par l'intuition (par exemple, la réduction de la matière étendue à la figure et au mouvement), lui paraît non seulement réfutée par la physique relativiste et atomiste, mais privée également d'efficacité méthodologique. « Rien de plus anticartésien, écrit-il [136], que la lente modification spirituelle qu'imposent les approximations successives de l'expérience (reprise de la thèse sur la connaissance *approchée*), surtout quand les approximations plus poussées révèlent des richesses organiques méconnues par l'information première. » D'où une critique de l'évidence, et surtout de l'évidence première ; une critique corrélative de l'intuition, et surtout de l'intuition primitive : « Cette intuition ne saurait désormais être primitive, elle est précédée par une étude discursive qui réalise une sorte de dualité fondamentale [137] » : dualité ou ambiguïté au niveau des notions de base, comme celle de matière, substitution au concept chosiste de repos de deux variables conjuguées relatives l'une au lieu, l'autre à la vitesse, et « à la description usuelle et concrète d'une description mathématique et abstraite [138] ». Si sa clarté doit apparaître, ce sera « dans son achèvement, par une sorte de conscience de sa valeur synthétique ». Ainsi, même Descartes, le champion de la dualité irréductible de l'idée et de l'image, est victime de prétendues idées claires, qui ne sont en fait que des images, bloquant la raison dans son pouvoir constructeur, ou – en termes bachelardiens – l'imagination. Comme il est écrit dans *les Intuitions atomistiques* [139] : « Ces intuitions premières ne favorisent pas les synthèses compliquées et fécondes, elles ne suggèrent pas d'expériences. » Ou encore, la célèbre formule du *Rationalisme appliqué* [140] : « Il n'y a pas de vérité première, il n'y a que des erreurs premières. » Car la critique de l'évidence, de l'intuition et de la « simplicité » cartésiennes, en un mot le non-cartésianisme de l'épistémologie de Bachelard, est de longue portée : c'est en effet sur toute sa doctrine de la vérité qu'elle retentit. Ici encore, en dépit de légères accommodations de parcours, la doctrine reste remarquablement égale à elle-même en trente ans de réflexion et de publications : il n'y a pas de vérités éternelles, même créées par Dieu (l'énoncé de cette proposition n'est pas de Bachelard, mais elle traduit bien sa pensée). D'ailleurs la notion de vérité est ambiguë, mi-subjective mi-objective, mi-logique mi-métaphysique, mi-scientifique mi-philosophique. Notre auteur lui substitue celle, fonctionnelle ou opératoire, de vérification. D'où sa célèbre formule de l'*Essai :* « Le monde est ma vérification, il est fait d'idées vérifiées par opposition à l'esprit qui est fait d'idées essayées [141]. » Corrélativement à cette pensée, une autre qui joue un rôle capital dans l'économie du bachelardisme, et qui est un nouveau trait de non-cartésianisme : l'erreur, loin d'être considérée comme un défaut inhérent à la nature de l'homme, que l'effort rationnel doit éliminer autant que possible, est accueillie dans sa positivité, comme une condition nécessaire de la découverte – provisoire – d'une vérité (particulière, ou régionale) : « L'esprit scientifique se constitue comme un ensemble d'erreurs rectifiées [142]. » Et, un peu plus loin : « Psychologiquement, pas de vérité sans une erreur rectifiée. » Notons l'adverbe : car même quand il fait de l'épistémologie, il n'oublie pas que le sujet qui expérimente, calcule, travaille, est un sujet humain : « L'objet ne saurait être désigné comme un « objectif » immédiat ; autrement dit, une marche vers l'objet n'est pas immédiatement objective [143]. » Seulement, au point d'arrivée, il aura opéré ce qu'il appelle une rupture : rupture entre la connaissance sensible et la connaissance scientifique, entre la physique classique et la microphysique, etc.

Ainsi, le non-cartésianisme de Bachelard va beaucoup plus loin qu'une opposition à la doctrine ou à la méthode de Descartes, même s'il ne craint pas de suspecter la clarté et l'efficacité du *cogito, ergo sum*, ou d'instituer, pour remplacer

On reconnaît (de g. à d.) au premier rang : Jacques Hadamard, Gaston Bachelard, André Lalande, Pierre Auger, Louis de Broglie ; au second rang : Armand Denjoy, Jean Piveteau, Raymond Bayer, Suzanne Delorme, Edmond Bauer, Maurice Fréchet.

Congrès international de Philosophie des Sciences, Amphithéâtre Richelieu, Sorbonne, 1949.

le doute méthodique, un « doute potentiel », plus affiné, plus adapté à nos moyens, et placé dans une perspective cohérente de découverte. L'épistémologie non cartésienne n'est qu'un exemple remarquable de cette *philosophie du non*, qui l'amène aussi bien à instaurer une chimie non lavoisienne, c'est-à-dire une chimie généralisée qui ne donne plus la primauté à la notion de substance, une mécanique non newtonienne, c'est-à-dire une mécanique généralisée qui rompt radicalement avec les concepts classiques de simultanéité, de position, de masse, une logique non aristotélicienne, elle aussi plus générale que la logique classique, et correspondant à une nouvelle situation de la science, une arithmétique non archimédéenne, symétrique des géométries non euclidiennes, qui accomplit cette même démarche intellectuelle de généralisation croissante qui enrichit du même coup la compréhension des concepts.

A première vue, l'antibergsonisme de Bachelard pourrait être considéré comme un cas particulier de sa philosophie du non : ce qu'il est d'ailleurs également. Même rupture avec les données « immédiates », avec l'intuition, avec l'idée de vérité première ou de point de vue unique. Mais, en dehors du fait que la pensée de Bergson était une pensée contemporaine et vivante, que le Bachelard des années 30 n'était peut-être pas encore revenu d'une certaine « tentation bergsonienne [144] » – ne nous fait-il pas l'aveu, à plusieurs reprises, de son attirance pour cette philosophie [145] ? –, l'importance même de cette rupture et l'occasion qui lui fut donnée d'exposer sa doctrine personnelle du temps méritent que nous considérions à part ce chapitre de son épistémologie.

C'est essentiellement dans deux ouvrages, *l'Intuition de l'instant* (1932) et *la Dialectique de la durée* (1936), qu'il entreprend à la fois son exposé doctrinal et sa critique radicale de la conception bergsonienne de la durée. Ajoutons-y *les Intuitions atomistiques* (1935), puisqu'elles sont aussi bien une réfutation de l'intuition selon Bergson. Comme toujours, l'analyse est fine, nuancée, débusquant les pièges du sens commun ou les leurres métaphysiques, dénonçant les simplifications abusives, car, ici plus qu'ailleurs, la réalité est objectivement complexe. Allons droit aux conclusions de Bachelard, non sans avoir rappelé que sa méditation du temps est placée sous le signe de son amitié avec Gaston Roupnel, dont un livre, *Siloë*[146], avait été pour lui le *primum movens*, un peu ce qu'avait dû être pour Malebranche sa rencontre avec le *Traité de l'homme* de Descartes. La seule réalité temporelle est celle de l'instant, le temps est fondamentalement discontinu : telle est la thèse qui sera longuement argumentée, à partir d'une réflexion polyphonique où se mêlent sans jamais se confondre des idées tirées de *Siloë*, de l'expérience psychologique, de la physique expérimentale, d'ouvrages récents d'esthétique et de métaphysique, et surtout de la méditation si personnelle de l'auteur. On comprend que la thèse bergsonienne de la continuité temporelle, à laquelle est réservé le nom de durée, liée à la théorie de l'intuition (voir à ce sujet, l'*Essai sur les données immédiates de la conscience*, *la Pensée et le Mouvant*, *l'Énergie spirituelle*, etc.) fasse ici figure d'antithèse. Mais, en même temps qu'il nie la doctrine d'un temps unique dans lequel la réalité serait taillée (on se souvient des métaphores bergsoniennes du fleuve, de la phrase ou de l'étoffe pour désigner l'écoulement temporel), Bachelard réserve les droits du sujet psychique. Il refuse l'opposition « facile » – et, pour lui, factice – de Bergson entre le temps des savants, ce temps spatialisé, et la durée psycho-métaphysique. La réalité subjective et le monde objectif ne se réduisent pas pour lui à cette dichotomie. « Le temps a plusieurs dimensions, écrit-il [147], le temps a une épaisseur. Il n'apparaît continu que sous une certaine épaisseur, grâce à la superposition de plusieurs temps indépendants. » D'ailleurs la notion de continuité ne se confond-elle pas parfois indûment avec celle de régularité ? Sa réflexion sur le temps et sur l'espace [148] dans la physique contemporaine a conduit Bachelard à reconnaître au monde une discontinuité objective, et à substituer au vocabulaire substantialiste et continuiste du *partout* et du *toujours* le vocabulaire rationaliste et discontinuiste du *toutes les fois*, ou du *hic et nunc*[149]. Ainsi ne confondrait-on pas un temps régulier et un temps continu. On dirait : « Chaque fois que je veux vérifier, en un lieu donné et en un instant donné, je trouve le même résultat. » Bergson serait tombé, malgré lui, dans un piège intellectualiste en édifiant sa conception purement intellectuelle – et non pas vécue, comme il le prétend – d'une durée fluide ou continue. L'expérience psychique ne nous contraint-elle pas à distinguer entre l'instant – « le temps qu'on utilise » – et l'intervalle – « le temps que l'on refuse [150] »? D'où cette définition de *l'Intuition de l'instant :* « Le temps est une réalité resserrée sur l'instant et suspendue entre deux néants [151] », et la naissance d'une méthode destinée à analyser le rythme constitué par ce système d'instants et d'intervalles : c'est la rythmanalyse. Influencé par sa lecture de diverses études, notamment celles d'un philosophe brésilien, Pinheiro dos Santos [152], Bachelard prend à son compte une expression qu'il n'a pas inventée, mais il étend la portée biologique et psychologique de cette notion à toute une métaphysique, antisubstantialiste. La *substance pure* de la chimie n'a-t-elle pas des « qualités précises qui se définissent comme des qualités entièrement caractérisées par des rythmes »? En fait, l'opposition épistémologique et métaphysique de Bachelard à la conception bergsonienne de la durée est beaucoup plus profonde qu'une divergence sur un point, même important, de doctrine. Pour ces deux philosophes, c'est la signification même de leur philosophie générale qui est en cause. Pour l'auteur de *la Pensée et le Mouvant*, l'axiome de la continuité du temps est solidaire de la thèse niant l'idée de néant et affirmant la plénitude du monde et de l'esprit, la conservation intégrale du passé dans le présent. Pour Bachelard, la discontinuité de la vie de l'esprit est à la fois un fait d'expérience, mais surtout – car il se méfie par méthode de la subjectivité de l'expérience – un enseignement que lui ont fourni l'histoire des idées et l'histoire des sciences. Nous entrevoyons déjà la portée de cette critique du *continuum* temporel sur son épistémologie dynamique et « progressiste », et sur l'élaboration de ses travaux personnels d'histoire des sciences. « La conscience du temps, écrit-il [153], est toujours pour nous une conscience de l'utilisation des *instants*, elle est toujours active, jamais passive, bref la conscience de notre durée est la conscience d'un *progrès* de notre être intime, que ce progrès soit d'ailleurs affectif, ou inné, ou simplement rêvé. » En fait, Bergson n'a jamais nié l'activité ou le progrès du *moi*, mais il est vrai que, pour lui, la conscience de la durée, pure n'est atteinte que par un effacement des événements ou de leur conscience. Il n'y a pas d'expérience possible de la continuité, mais ce concept peut être compris comme la régularité d'un discontinu. La physique relativiste et la critique einsteinienne de la notion de simultanéité – contre laquelle, comme on sait, s'était élevé Bergson [154] – le confirment dans sa position. Et tout le progrès réalisé depuis par la physique quantique. Ne prophétisait-il pas en 1936 [155] : « Il est à présumer que le développement de la physique quantique nécessitera la conception de durées discontinues qui n'auront pas les propriétés d'enchaînements illustrées par nos conceptions de trajectoires continues. »

S'il nous fallait maintenant résumer ses idées maîtresses concernant l'histoire des sciences, nous constaterions que son axiome de la discontinuité joue sur tous les plans. Et d'abord ces idées, qui nous paraissent aujourd'hui familières parce que des historiens philosophes comme Alexandre Koyré et précisément Bachelard les ont répétées tout au long de leur œuvre et dans leur enseignement universitaire : les découvertes et les inventions scientifiques ne s'inscrivent pas le long d'une ligne continue ; l'histoire des sciences n'est pas un ensemble de faits, mais une série de problèmes, qui s'éclairent rétrospectivement à partir de ceux qui se posent aux savants et aux épistémologues contemporains ; la notion de précurseur est à bannir du vocabulaire de l'historien. C'est au début du *Rationalisme appliqué* [156] que Bachelard définit une *mémoire rationnelle* par opposition à une *mémoire empirique*, donnant là un bel exemple d'ouverture de la raison, et montrant, par opposition à la stérilité du concept d'anticipation, la fécondité de celle de récurrence. Il parle du mathématicien, mais son propos peut s'étendre aux autres catégories de scientifiques. « Il aime à faire étalage d'une sorte de *fécondité récurrente* qui est – nous le montrerons – un caractère important du rationalisme, car cette fécondité récurrente constitue le fondement de la *mémoire rationnelle.* Cette mémoire de la raison, mémoire des idées coordonnées, obéit à de tout autres lois psychologiques que la *mémoire empirique* [157]... » En réordonnant et coordonnant les idées dans un temps logique, le mathématicien est en mesure de mieux comprendre, et de mieux faire comprendre au physicien, la nature d'un phénomène nouveau, car en élargissant ou en modifiant sa théorie, il lui prouve que son observation est bonne, puisque « la théorie *aurait dû prévoir* la nouveauté [158] ». Mais dire qu'un problème *aurait pu être prévu* (compte tenu du niveau culturel du milieu scientifique et de l'époque, et aussi des données logico-techniques du problème) ne signifie pas que les savants *qui ne l'ont pas prévu* travaillaient dans l'attente d'une solution qui viendrait nécessairement un jour. On pourrait multiplier ici les textes qui développent l'idée d'une discontinuité de l'histoire des sciences, idée généralement associée à celle de dialectique : nous y reviendrons. Contentons-nous de quelques formules frappantes empruntées au *Matérialisme rationnel* et à *l'Activité rationaliste de la physique contemporaine*. Aux « continuistes de la culture » qui transforment l'histoire en un livre, il reproche d' « estomper les dialectiques sous une surcharge d'événements mineurs [159] », ou de manquer « l'extrême sensibilité dialectique qui caractérise l'histoire des sciences [160] ». Il ironise sur leur prédilection pour les origines : « Ils séjournent dans la zone d'élémentarité de la science. » Il dénonce leur axiome d'épistémologie implicite : « Puisque les débuts sont lents, les progrès sont continus. » Et il retrouve, une fois de plus, ses adversaires philosophes, aveugles et sourds aux progrès *actuels* des sciences : « Le philosophe ne va pas plus loin. Il croit inutile de vivre les temps nouveaux, les temps où précisément les progrès scientifiques *éclatent* de toute part, faisant nécessairement « éclater » l'épistémologie traditionnelle [161]. » Et il a beau jeu – nous l'aurions encore davantage aujourd'hui – de multiplier les exemples de discontinuité, d' « éclatements », de mutations brusques des découvertes scientifiques. La notion d' « influence » est l'une de celles qu'il combat le plus vigoureusement, ironisant sur la formule : ces progrès étaient « dans l'air ». Il ajoute : « Plus on est loin des faits, plus facilement on évoque les « influences [162] »... On les fait traverser les continents et les siècles. » Or « l'autocritique des travailleurs de laboratoire contredit par bien des côtés tout ce qui relève d'une « influence [163] ». Peu à peu, tout ce qu'il y a d'inconscient et de passif dans le savoir est dominé. Les dialectiques « fourmillent. » Rien plus que l'histoire des sciences ne permet la découverte de ces instants privilégiés, inconnus du bergsonisme. « En somme, les mécaniques contemporaines, mécanique relativiste, mécanique quantique, mécanique ondulatoire, sont des sciences sans aïeux. Nos arrière-neveux se désintéresseront sans doute de la science de nos arrière-grands-pères. Ils n'y verront qu'un musée de pensées devenues inactives... Déjà, si l'on nous permet cette formule, la bombe atomique a pulvérisé un grand secteur de l'histoire des sciences, car, dans l'esprit du physicien nucléaire, il n'y a plus trace des notions fondamentales de l'atomisme traditionnel [164]. »

Ainsi le nouvel esprit scientifique pourra-t-il se définir comme une philosophie non philosophique (au sens traditionnel), mais soucieuse de « dégager les intérêts philosophiques » que fait apparaître la démarche du savant. Philosophie « ouverte », « conscience d'un esprit qui se fonde en travaillant dans l'inconnu [165] », elle est attentive au niveau de développement des diverses branches de l'activité scientifique ou, mieux encore, comme l'écrit Bachelard [166] : « C'est au niveau de chaque notion que se posent les tâches précises de la philosophie des sciences. » La tâche à laquelle il convie les épistémologues et qu'il a tenté de réaliser pour sa part sera donc une « philosophie du détail épistémologique » ou comme il dit encore – en utilisant l'une de ces métaphores mathématiques qu'il affectionne particulièrement –, « une philosophie scientifique *différentielle* [167] » (par opposition à cette philosophie *intégrale* des « philosophes »). En méditant sur le degré de maturité, c'est-à-dire d'efficacité des concepts scientifiques, par une analyse épistémologique doublée d'une analyse historique, il en arrive à préciser cette notion de dialectique qui joue un rôle si important dans son œuvre. M. Canguilhem, qui l'a spécialement étudiée dans un article de 1963 [168], la définit ainsi : « Ce que Bachelard nomme dialectique, c'est le mouvement inductif qui réorganise le savoir en élargissant ses bases, où la négation des concepts et des axiomes n'est qu'un aspect de leur généralisation. Cette rectification des concepts, Bachelard la nomme ailleurs enveloppement ou inclusion aussi volontiers que dépassement [169]. » Cette *fonction* de la dialectique se trouve notamment réalisée dans et par le dialogue du mathématicien et du physicien, c'est-à-dire du théoricien et de l'expérimentateur, ainsi qu'il l'a démontré sur de nombreux

20e anniversaire de la mécanique ondulatoire.

exemples. Il s'agit en effet d'*ajuster* la théorie et l'expérience, ajustement qu'il faut penser comme un *processus historique*, car le dialogue auquel j'ai fait allusion tient compte de la différence de statut, de niveau ou de maturité épistémologique des deux disciplines scientifiques. Ce dialogue met aussi fort souvent en relation intellectuelle et imaginaire un théoricien moderne et un expérimentateur du passé, à moins que ce ne soit l'inverse. Dialogue de rectifications ou de négations surmontées, qui permet, par la *généralisation dialectique* [170], d'élargir l'extension du concept tout en enrichissant sa compréhension, ainsi que l'a bien dégagé J. Hyppolite dans son article sur Bachelard [171]. « Tout l'essor de la pensée scientifique depuis un siècle, lisons-nous dans *la Philosophie du non* [172], provient de telles généralisations dialectiques avec enveloppement de ce qu'on nie. »

(De g. à d.) :
Charles Maurain,
Paul Montel,
Gabriel Bertrand,
Jean Cabannes,
Louis de Broglie,
Jacques Chapelon,
Alfred Lacroix,
Maurice de Broglie,
Gaston Bachelard.

Et la fin du chapitre 5 conclut sur l'idée d'une contradiction – mais d'une contradiction non formelle, non aristotélicienne – nécessaire à la recherche de la vérité : « Deux hommes, s'ils veulent s'entendre vraiment, ont dû d'abord se contredire. La vérité est fille de la discussion, non pas fille de la sympathie [173]. » Nous montrerons par la suite la valorisation éthique et pédagogique de cette dialectique vivante ou dialogue des contradictions.

Il serait tentant, si nous en avions la place, de parcourir en détail l'ensemble de son œuvre épistémologique, depuis l'*Essai* jusqu'au *Matérialisme rationnel* [174], pour voir si le concept original de dialectique a subi quelque variation de sens. – Concept original, entendons-nous, au sens bachelardien, car lui non plus n'a pas d'aïeux, si le terme de dialectique est l'un des plus fréquemment utilisés, souvent d'une manière encombrante ou obscure, dans l'histoire de la philosophie. Mais l'étude « différentielle » de M. Canguilhem, si elle a pu signaler au passage quelques légères retouches qui tiennent moins à une quelconque évolution de l'auteur qu'à la nécessité d'un ajustement du mot à tel contexte spécifique, conclut à une remarquable identité d'emploi de la fonction dialectique [175] : « Philosophie de la connaissance rectifiée, philosophie du fondement par récurrence, la dialectique selon G. Bachelard désigne comme un fait de culture le vecteur de l'approximation scientifique dont elle renforce le sens en le proposant comme règle : *En toutes circonstances, l'immédiat doit céder le pas au construit* [176]. » Est-ce à dire que la dialectique bachelardienne satisfasse tous les esprits, et notamment certains logiciens modernes ? Il serait exagéré de le prétendre, d'autant plus que R. Martin, dans un article précisément consacré à ce sujet [177], constate – avec modération, et en enveloppant ses critiques par bien des formules admiratives pour l'homme et l'œuvre auxquels il rend hommage – le rôle mineur joué par cette dialectique dans la rationalité mathématique moderne. Serait-ce qu'elle n'ait pas été correctement ajustée au développement de la logique et des mathématiques actuelles ou que Bachelard ait manqué – de quelques années ou de quelques encablures formalistes – l'heure hilbertienne ? « On est surpris, écrit R. Martin [178], de constater finalement, chez un homme aussi confiant dans la raison mathématicienne que Bachelard, le peu de place fait à une épistémologie proprement mathématique. Si on prend pour point de repère la date de parution des *Grundzüge der theoretischen Logik* (1928), qui marque le moment où la pensée hilbertienne devenue adulte commence à être connue hors d'un cercle d'initiés, et qui est aussi la date de parution de l'*Essai sur la connaissance approchée*, on peut dire que la philosophie mathématique de Bachelard reste délibérément une philosophie d'avant 1928 [179]. » Et le logicien souligne qu'en dépit de sa sympathie pour les théories mathématiques nouvelles – notamment le calcul tensoriel – et les tentatives non aristotéliciennes de Destouches, de Paulette Février et de Korzybski, il se défie de certaines reconstructions formelles. On pourrait évidemment objecter qu'une thèse soutenue en 1927 pouvait difficilement intégrer l'acquis des recherches de Hilbert, mais il est vrai que le problème du fondement des mathématiques pensé dans le cadre de la théorie des ensembles n'a pas fait l'objet de recherches ou de réflexions originales de la part de Bachelard. Celui-ci déclare en 1949, dans *le Rationalisme appliqué* [180], que ce problème si particulier n'a pas retenu son attention parce que, d'une part, il n'intéressait qu'un petit nombre de mathématiciens, et que, d'autre part, le problème épistémologique qui l'occupait était celui de la valorisation du savoir.

Quoi qu'il en soit de ce débat « régional » ou du problème plus général de l'intérêt de Bachelard pour les théories purement logiques, nous ne pensons pas que l'on soit fondé à lui reprocher le manque d'élaboration ou les limites de son concept de dialectique, pourvu qu'on le prenne dans le sens où ses analyses l'ont utilisé, et que l'on considère à quel point il a enrichi l'épistémologie et la nouvelle conception de l'histoire des sciences qui lui est solidaire. Dans ce rationalisme neuf auquel il a donné le nom de surrationalisme, par symétrie avec le surréalisme des créations imaginaires, il a qualifié de dialectique ce que J. Hyppolite appelle [181] « cette allure du savoir aux prises avec ses propres objections, suscitant ses problèmes, les délimitant pour pouvoir leur donner une solution provisoire, ouverte déjà pour accueillir la perturbation qui permettra seule de poser le problème autrement, et de généraliser la solution... par une forme nouvelle de rationalité... qui conquiert son fondement dans son avenir même ».

Cette dialectique du dépassement perpétuel de la raison par elle-même est moins la pierre angulaire d'une doctrine philosophique que l'indispensable instrument de compréhension et d'explication des problèmes scientifiques. On se souvient du congé définitif qu'il donne aux systèmes de pensée intégraux, unitaires ou universels. L'une des pièces les plus originales de son épistémologie consistera dans ce qu'il a appelé l'*analyse philosophique spectrale*, « qui déterminerait avec précision comment les diverses philosophies réagissent au niveau d'une connaissance objective particulière [182] ». On détermine ainsi le *profil épistémologique* d'un concept, comme celui de masse auquel il a consacré tout un chapitre de *la Philosophie du non* [183]. Autour de la pratique effective de production des concepts scientifiques sont rassemblées, ou plutôt

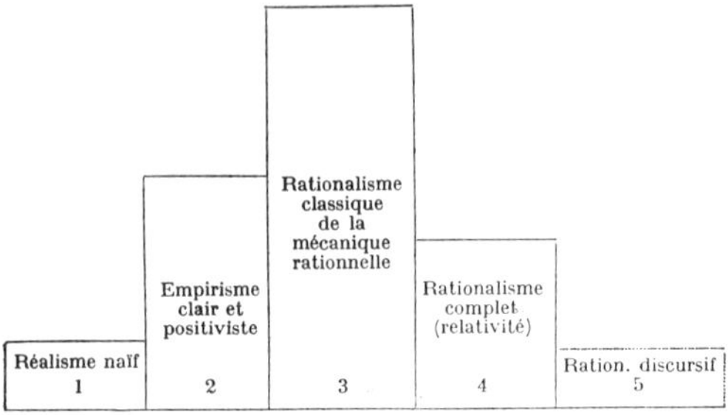

Profil épistémologique de notre notion personnelle de masse

dispersées – comme dans le spectre lumineux – les diverses théories de la connaissance, d'une part (dans la partie supérieure du spectre) l'idéalisme, le conventionalisme, le formalisme, d'autre part (dans sa partie inférieure) le réalisme, l'empirisme, le positivisme. Par ce schéma très pédagogique, Bachelard veut nous montrer le mode de fonctionnement, à la fois subjectif et objectif, d'un concept scientifique. « Il faut lester le rationalisme. » Ce profil rend compte à la fois des valorisations subjectives du concept et de l'évolution des connaissances. Dans le cas du concept de masse, Bachelard a dessiné et commenté le profil épistémologique de la notion selon les expériences personnelles auxquelles elle est associée. C'est ainsi qu'il a découpé, selon le profil de l'empirisme, ce qu'il appelle « la conduite de la balance », « le temps lointain où il faisait de la chimie, et le temps plus lointain où il pesait, avec un soin administratif, les lettres chargées dans un bureau de poste » ; selon le rationalisme classique, le bagage culturel qu'il a acquis à l'école et que son enseignement a fait fructifier ; selon le rationalisme complet (Einstein) et le rationalisme discursif (Dirac), le fruit de ses recherches et réflexions scientifiques personnelles ; selon le réalisme naïf, les expériences de son enfance. Comme l'écrit H. Védrine [184] dans le commentaire de ce profil : « Il apparaît d'abord comme une coupe dans le tissu non homogène d'un concept scientifique permettant d'analyser les diverses conduites d'un sujet vis-à-vis de ce savoir. » Mais il est évident qu'un épistémologue ne peut s'en tenir à ce profil individualisé, qui détermine les différents types de sensibilité, de culture, d'idéologie implicite, ou les diverses manières de raisonner. Ce qu'il s'agit de réaliser sur le plan des connaissances objectives, c'est une « topologie philosophique », ou encore un « album des profils épistémologiques de toutes les notions de base » permettant d'étudier « l'efficacité relative des diverses philosophies [185] ». Autrement dit, pour reprendre l'exemple du concept de masse, ou le second que Bachelard nous propose, celui d'énergie, des philosophies aussi différentes que l'empirisme et le rationalisme, l'idéalisme et le positivisme, ont contribué à travers l'histoire à leur formation ainsi qu'à leur explicitation. « Chaque philosophe ne donne qu'une bande du spectre notionnel et il est nécessaire de grouper toutes les philosophies pour avoir le spectre rationnel complet d'une connaissance oarticulière [186]. » Mais, pourrait-on objecter, cette mise en perspective ou cette relativisation de tous les systèmes philosophiques dont le « nouvel » épistémologue entend choisir, ici ou là, à tel ou tel moment de l'histoire, les éléments qui lui paroissent propres à favoriser l'intelligibilité d'un concept ou la solution d'un problème scientifique, ne fait-elle pas exception pour le rationalisme appliqué ou matérialisme technique (ou rationnel) ? Sa position centrale dans le clavier ou plutôt dans le spectre des diverses tonalités doctrinales ne lui assure-t-elle pas une prééminence sur toutes les philosophies, une valeur absolue en quelque sorte ? Une pareille objection prouverait seulement que l'on n'a su ni lire ni comprendre Bachelard. Car le rationalisme appliqué, qui n'est pas une philosophie comme les autres, qui n'est pas davantage une synthèse des divers systèmes de pensée, est seulement la méthode qui assure à cette pluralité de doctrines leur positivité. « Ce qui caractérise le surrationalisme, c'est précisément sa puissance de divergence, sa puissance de ramification [187]. »

Épistémologue, Bachelard a rendu la raison à sa dignité la plus pure et fait de « la prise de conscience rationaliste [188] » une nouvelle conscience. En ouvrant la raison pour en faire un instrument de conquête – c'est-à-dire de compréhension – du monde objectif, il ne l'a pas pour autant coupée de ses racines subjectives – c'est-à-dire humaines –, mais il a substitué au psychisme contingent un orthopsychisme [189], dont l'activité se manifeste aussi dans les conquêtes de l'imagination matérielle. Mais dans quel langage et selon quelles modalités cette raison et cette imagination s'expriment-elles ?

Une anthropologie du langage

Nous l'avons souvent souligné : la dualité des recherches de Bachelard, philosophe des sciences et phénoménologue de l'imaginaire, ne brise pas la profonde unité qui sourd à travers toute son œuvre, de même que le dualisme de la lecture en *animus* et en *anima* ne correspond pas à deux lignes de travail qui ne se recouperaient pas. Si la rémanence d'images dans la conscience de l'homme de science compromet le progrès scientifique quand il les ignore, la reconnaissance de ces obstacles permet plus aisément qu'une voie lisse et unie le bond en avant de la raison. D'autre part, nous avons pu constater, dans la formation de ces objets de pensée que sont les concepts ou de ces objets de rêve que sont les images, le rôle proprement structural [190], architectonique ou créateur de la raison et de l'imagination. L'acte poétique, comme l'acte d'invention scientifique, n'a pas d'aïeux. « Il n'y a pas de poésie antécédente à l'acte du verbe poétique [191] », lisons-nous dans *l'Air*. Et, quand il veut opposer à l'objet perçu de la connaissance commune l'objet pensé de la connaissance scientifique, il se sent obligé de créer un vocable neuf correspondant à cette création de l'esprit : « Pour caractériser pleinement un objet qui réalise une conquête théorique de la science, lisons-nous dans *le Rationalisme appliqué*, il faudrait parler d'un noumène nougonal, d'une essence de pensée qui engendre des pensées [192]. »

Concordance ou convergence des deux fonctions et des

deux domaines, ou encore isomorphisme, pour reprendre une expression de F. Dagognet? « Aucun doute n'est permis, écrit-il encore [193], science et poésie, toutes deux spécifiquement ontogéniques, dépassent et renouvellent le monde, lui substituent une matière nouménale, relèvent d'une philosophie de l'énergie [194]. »

Mais la science et la poésie, pour jaillissantes et imprévisibles qu'elles soient, ne sont pas le fruit d'une génération spontanée : elles ont un créateur, si elles sont également créatrices, et ce créateur, c'est l'homme, l'homme qui parle. Si, comme nous le lisons dans *la Poétique de l'espace* [195], « la nouveauté essentielle de l'image poétique pose le problème de la créativité de l'être parlant », l'invention scientifique ne suscite pas moins un effort de création linguistique : l'exemple de Bachelard, créateur d'un « nouveau lexique », en est le plus éclatant témoignage. Il y aurait d'ailleurs toute une étude à faire sur l'esthétique de la langue bachelardienne, qui reflète avec tant de fidélité le tempérament et la pensée du philosophe. A cet égard je ne saurais partager la sévérité de P. Quillet, qui caractérise la langue de Bachelard « par un étrange manque de rigueur, une grande versatilité, la surabondance des néologismes [196] » et qui s'étonne qu'une telle fantaisie des mots s'accorde à sa rigueur de propos. Je pense au contraire que le pittoresque, voire l'incongruité d'expressions telles que *sur-stance*, *ex-stance*, *géno-analyse*, *thériodrame*, *cogito au nᵉ degré*, *psychologie exponentielle*, *bipolarité*, *topologie philosophique*, *triangulation des consciences*, *poésie projective* et autres formules d'origine mathématique témoignent non seulement de l'humour et de l'espièglerie de leur auteur, mais à la fois de sa puissance d'invention langagière, de sa volonté de précision scientifique et de son sens pédagogique. En jouant des préfixes et des suffixes, n'accomplit-il pas une fonction analogue à celle du chimiste qui veut désigner un nouveau corps composé? Lui qui a fait de la raison et de l'imagination les moteurs de la généralisation – et d'abord de la généralisation mathématique –, pourquoi n'enrichirait-il pas la compréhension du concept de substance en créant une série obtenue par un procédé classique de rhétorique, surtout quand les termes nouveaux d'*ex-stance* et de *sur-stance* correspondent à des idées neuves? Bachelard aurait été le dernier à refuser que l'on fît la psychanalyse de son vocabulaire philosophique ; il était d'ailleurs pleinement conscient de ses diverses strates et des valorisations affectives qu'il y introduisait. Mais précisément cette lucidité dans la création de nouveaux vocables fortement personnalisés lui permettait d'échapper aux pièges dont la plupart des philosophes et des savants sont victimes, quand ils se servent inconsidérément d'images ou de formules empruntées à l'expérience et au vocabulaire communs.

Ce que l'homme Bachelard a réalisé dans son œuvre écrite par l'emploi constant – mais constamment contrôlé – de la métaphore, il en ferait volontiers l'acte humain par excellence : la parole, dans son efficacité et dans sa beauté suprêmes, la parole créatrice [197]. Le langage, avions-nous dit au début de cet essai, pont jeté entre la philosophie et la poésie. Nous pouvons maintenant préciser : le langage métaphorique. Dans son article sur l'épistémologie de Bachelard, qui complète celui qu'il avait consacré à son « romantisme de l'intelligence », Hyppolite note toutes les lignes de convergence entre la poésie et la science. Et il en vient à écrire métaphoriquement cette double proposition qui célèbre admirablement, dans un style bachelardien, la réussite de cette œuvre bipolaire : « Les mathématiques sont la poésie de la pensée, et les métaphores sont les mathématiques du langage [198]. » Et il résume cette promotion du langage humain au rang de création continuée par ces mots : « L'homme sur terre a un destin poétique. » Rappelons-nous la manière dont Bachelard évoquait les images poétiques : « Elles vivent de la vie du langage vivant. On les éprouve, dans leur lyrisme en acte, à ce signe intime qu'elles rénovent l'âme et le cœur... Elles jouent un rôle dans notre vie. Elles nous vitalisent. Par elles, *la parole, le verbe, la littérature sont promus au rang de l'imagination créatrice*. La pensée en s'exprimant dans une image nouvelle s'enrichit en enrichissant la langue. *L'être devient parole*. La parole apparaît au sommet psychique de l'être. La parole se révèle le devenir immédiat du psychisme humain [199]. » La parole poétique crée de l'âme en nous ouvrant à nous-mêmes et au monde. Elle a une fonction ontologique. Elle est une anthropogénèse. Dans un autre passage de *l'Air et les Songes*, Bachelard invente une nouvelle expression, celle de *télépoésie* [200], pour désigner la poésie

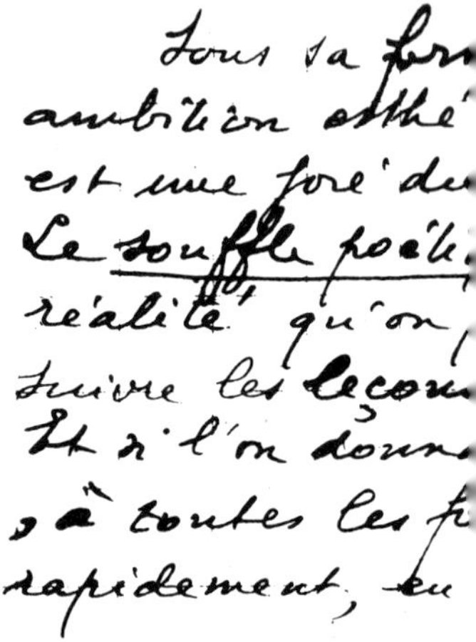

« La Déclamation muette », Exercices du silence, 1942.

authentique, celle qui procure une communion poétique intime, profonde et féconde, grâce à l'universalité et à la puissance onirique des quatre éléments de la matière, qui constitueraient une sorte de « sur-moi imaginatif » : manière plus subtile d'exprimer l'idée que la poésie n'est pas le fruit d'une émotion rare, réservé aux « happy few », mais qu'elle s'enracine dans le fonds commun et universel d'une humanité concrète.

La poésie est instauratrice d'un sens. Mais le langage scientifique a la même fonction volontaire. La seule différence – elle n'est pas négligeable – est que l'acte poétique est une fonction primitive, qui ne renvoie à rien d'autre qu'à elle-même, qui n'est ni traduction ni langage second, alors que le langage scientifique, qu'il soit purement technique ou un mixte de langage commun et de langage technique, renvoie à un concept, c'est-à-dire à une opération mentale, à un problème à résoudre : il est la traduction d'un travail à effectuer... à moins d'être un néant verbal. C'est ainsi que lorsque Fourier « parle fluide, il faut lui laisser le bénéfice de son affirmation : il pense équation [201] », mais lorsque l'on affirme que la lumière est un phénomène vibratoire [202], en se servant à mauvais escient d'une locution réaliste et mécaniste, on utilise un *mot* vide de sens. Pour sa part, Bachelard préférerait une formulation du type « la lumière est un cosinus [203] », malgré son caractère

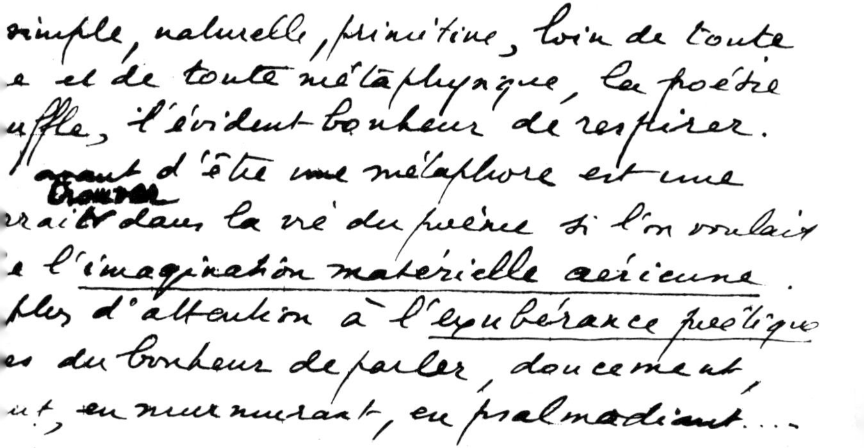

simple, naturelle, primitive, loin de toute
e et de toute métaphysique, la poésie
uffle, l'évident bonheur de respirer.
avant d'être une métaphore est une
raient dans la vie du poème si l'on voulait
e l'imagination matérielle aérienne.
plus d'attention à l'exubérance poétique
es du bonheur de parler, doucement,
ut, en murmurant, en psalmodiant...

outré et paradoxal, à la *fausse clarté verbale* que procure le terme de vibration. Et de s'en prendre au « mot réponse », au « mot pour philosophe [204] » ! Un chapitre de *la Formation* [205], dénonçant, parmi d'autres obstacles verbaux, le mot-image *éponge*, montre à la fois le danger de la métaphore, quand on en fait un usage intempestif et qu'elle conduit à un raisonnement par analogie empirico-verbale, et son importance dans l'économie ou la structuration d'une pensée : « On ne peut confiner aussi facilement qu'on le prétend les métaphores dans le seul règne de l'expression. Qu'on le veuille ou non, les métaphores séduisent la raison. Ce sont des images particulières et lointaines qui deviennent insensiblement des schémas généraux [206]. » Il parle d'or, surtout s'il songe à son emploi personnel des métaphores. Et comme on le comprend, par référence à son œuvre épistémologique, quand il recommande de « décolorer ces images naïves » ! Mais précisément, comme nous l'avons déjà laissé entendre, les métaphores bachelardiennes appliquées à ses ouvrages d'épistémologie ne sont pas naïves. Si une métaphore réaliste ou obscurément substantialiste comme celle de l'éponge appliquée au fer, « éponge de fluide magnétique », est scientifiquement (et même poétiquement) inefficace, car une reconnaissance n'est pas plus une connaissance qu'une expression n'est une explication [207], les métaphores poético-mathématiques de notre auteur sont suffisamment provocantes par leur nouveauté même et leur halo d'imprécision pour que le lecteur attentif et averti ne les prenne pas au pied de la lettre mais les utilise comme un tremplin lui permettant d'accomplir un bond intellectuel en avant.

Dans les mêmes pages de *la Formation* [208], Bachelard a à la fois dénoncé et choyé les mêmes mots, dont il sait la séduction, la magie, la valorisation humaine, et par conséquent le danger : voyez par exemple le mot vie, ce grand obstacle animiste! Que dire de ses multiples et profondes harmoniques dans sa phénoménologie de l'imaginaire! Ce qui nous paraît important, c'est que, dans les deux cas, le langage – langage immédiat de la poésie, langage médiatisé de la science – est assumé par un sujet personnel, l'être humain. Mais de quel homme s'agit-il? Du moi empirique, livré à toutes les sollicitations et à toutes les servitudes d'un psychisme contingent? Assurément pas. D'un moi transcendantal, réalisant l'expérience d'un *cogito* universel et abstrait? Pas davantage. Ce sujet personnel, qui assume le discours scientifique et qui crée la parole poétique – si l'on peut se permettre ce pléonasme –, nous proposons de l'appeler l'opérateur concret. Nous y reviendrons, après nous être mis, une fois encore, à l'écoute de Bachelard. Un texte capital de *la Poétique de l'espace* nous paraît aller tout à fait dans le sens de cette anthropologie du langage. « Nous pensons, y lit-on [209], que tout ce qui est spécifiquement humain dans l'homme est *logos*. Nous n'arrivons pas à méditer dans une région qui serait avant le langage... Ainsi l'image poétique, événement du logos, nous est personnellement novatrice. » La rêverie créatrice est donc contemporaine du langage, ou plutôt elle *est* langage. Dans un article, fragment d'une thèse inédite, qu'il a intitulé « l'Imagination parlée [210] », M.-G. Bernard souligne, par les citations et l'analyse, toute « l'attention que Bachelard prête, à partir de ses *Poétiques*, au phénomène de la parole de l'imaginaire », et il conclut : « C'est au niveau du langage lui-même que l'image *retentit* [211]. » Toute *la Poétique de l'espace* pose d'ailleurs de la manière la plus explicite « le problème de la créativité de l'être parlant [212] ». Il faudrait examiner de près ses remarques sur la valeur ontologique du substantif et celle de l'adjectif [213] et ses rêveries sur les « maisons des mots », « avec cave et grenier », où l'on peut « monter et descendre [214] ». Contentons-nous de ses formules plus facilement thématisables : « L'image prend racine en nous-mêmes... Elle devient un être nouveau de notre langage, elle nous exprime en nous faisant ce qu'elle exprime, autrement dit elle est à la fois un devenir d'expression et un devenir de notre être. Ici, l'expression crée de l'être [215]. » Ainsi, comme il l'écrit encore, la nouveauté de l'image poétique « met en branle toute l'activité linguistique. L'image poétique nous met à l'origine de l'être parlant ». Mais si l'homme bachelardien se définit comme être parlant, la parole humaine n'est pas un jaillissement instinctif comme le cri de l'animal : la créativité poétique de l'homme qui parle est celle d'une « création du désir », mais aussi d'un produit de la culture. « L'homme, lisons-nous dans *le Matérialisme rationnel*, est homme par sa puissance de culture [216]. » C'est par cette spécificité culturelle que l'homme crée en quelque sorte un langage second, quand il s'élève jusqu'à la pensée scientifique. Ce langage second est celui de la raison appliquée. Son invention nécessite une rupture par rapport au langage de l'expérience commune – y compris celui de la rêverie poétique –, mais nous avons vu que l' « épuration » ou la mutation linguistique n'est jamais intégrale, de même que le philosophe ou l'homme de science ne dépouille jamais intégralement la livrée de l'homme empirique. Ce « néo-langage [217] » qu'est le langage scientifique est plus spécialement analysé dans la conclusion du *Matérialisme*. Il apparaît comme une puissance de création continuée. « La nomenclature chimique ne saurait être définitive comme la table des déclinaisons d'une langue morte. Elle est sans cesse rectifiée, complétée, nuancée. Le langage de la science est en état de révolution sémantique permanente [218]. » N'est-ce pas le signe d'une vitalité analogue à celle de la poésie ? La richesse sémantique et lexicale est toutefois plus réduite, et l'homme de science est souvent contraint, à la différence du poète, de plonger dans le fonds commun du vocabulaire, quitte à rectifier par l'emploi de guillemets l'acception ordinaire des vocables en bloquant les images parasitaires et en suspendant l'imagination du lecteur averti. Ainsi en est-il de l'image de la « goutte d'eau » de Niels Bohr, qui permet de comprendre le processus de fission du noyau atomique ; de la même manière, la « température » du noyau, ou l' « évaporation » (émission d'un corpuscule) cor-

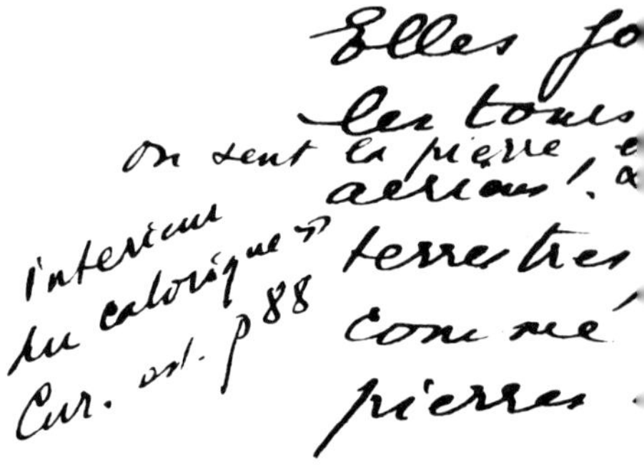

respondent à des phénomènes intelligibles à des esprits préparés. « Pour les physiciens nucléaires, conclut Bachelard, ces mots sont en quelque sorte tacitement redéfinis [219] », et il ajoute plus loin : « Si l'on portait son attention sur cette activité de traduction souvent masquée, on s'apercevrait qu'il y a ainsi dans le langage de la science un grand nombre de termes entre guillemets. La mise entre guillemets pourrait alors être confrontée avec la mise entre parenthèses des phénoménologues... Le terme entre guillemets hausse le ton. Il prend, au-dessus du langage commun, le ton scientifique. Dès qu'un mot de l'ancienne langue est ainsi mis par la pensée scientifique entre guillemets, il est le signe d'un changement de méthode de connaissance touchant un nouveau domaine de l'expérience [220]. » Création linguistique totale, comme c'est souvent le cas dans le discours mathématique, ou création inachevée, comme dans la mise entre guillemets, la formation du néo-langage est le produit d'une activité humaine dont l'origine est dans une expérience du monde. En donnant au sujet humain de cette expérience linguistique le nom d'opérateur concret, j'ai voulu insister sur l'activité opératoire, constructrice, laborieuse, toujours recommencée, toujours inachevée, qui est celle d'un homme – ou d'une équipe – situé historiquement, enraciné socialement, doté d'un certain type ou d'un certain niveau de formation technique et culturelle, nourrissant des desseins, affrontant les problèmes épistémolo-

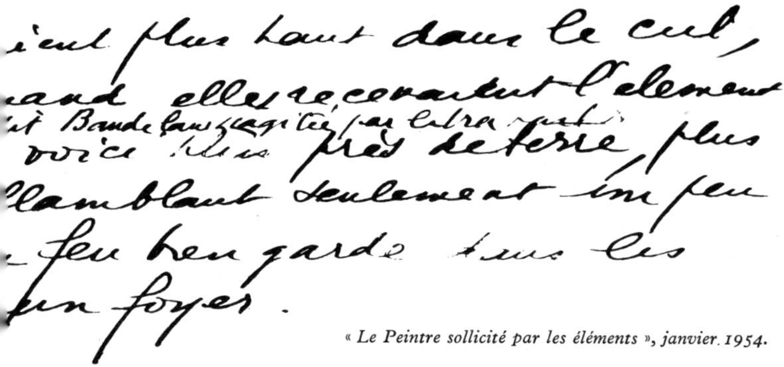

« Le Peintre sollicité par les éléments », janvier 1954.

giques et historiques avec un esprit polémique, conscient de la finalité ou des finalités possibles de ses recherches. Mais en même temps, par le terme d'opérateur, j'ai voulu éliminer de l'activité linguistique – poétique et scientifique – tous les éléments affectifs ou intellectuels qui encombrent la « psychè », pour ne conserver que les éléments subjectifs – au besoin rectifiés ou normalisés par un traitement orthopsychique – nécessaires à la bonne marche de l'opération en cours. Le *cogito* cartésien, coextensif à la conscience, intégrait tout le psychisme humain. L'efficacité de l'activité opératoire de l'homme bachelardien – soit qu'il rêve sur des images fondamentales, soit qu'il échafaude une théorie scientifique – se mesure à la mutilation volontaire de sa psychè.

Au point où nous sommes parvenu de nos analyses, il semble bien que la source d'énergie et le moteur communs de cette double création linguistique soient l'imagination transcendantale ou ontico-ontologique. Lorsque J. Hyppolite écrit [221] : « G. Bachelard a élaboré une philosophie de la créativité humaine, de la volonté du Logos donneur de sens, dans une double perspective, la perspective de la science et celle de la poésie », il n'est pas loin d'identifier, dans leur puissance créatrice, la raison et l'imagination bachelardiennes. Il semble même que, tout au long de son article sur « le Romantisme de l'intelligence », et notamment dans les pages consacrées à l'activité mathématique – « cette autre imagination qui est celle de l'abstraction mathématique [222] » –, il soit disposé à opérer cette fusion au moment précis où il se reprend pour analyser symétriquement les deux versants de l'œuvre de Bachelard. Il se contentera d'écrire avec une prudence respectueuse de la pensée explicite du Maître : « Nous sentons bien que ces deux thèmes (celui de l'épistémologie et celui de l'imagination des éléments) sont développés à partir d'une même pensée, d'un même projet imaginatif qui est un projet d'ouverture intégral [223] ». Dans le même recueil d'Hommages [224], le logicien et épistémologue G.-G. Granger, disciple et ami de Bachelard, opère, sans se référer à son maître – ce qui lui donne une plus grande liberté d'écriture –, une audacieuse liaison entre le discours mathématique et la poésie, insistant sur la puissance de créativité linguistique des mathématiques ainsi que sur le style de chacun de leurs usagers. « Ce n'est qu'un paradoxe apparent, poursuit-il [225], de comparer mathématique et poésie, lorsque l'on considère l'usage que font l'une et l'autre du langage ; et sur la voie de la création, de l'innovation radicale, c'est la mathématique qui vient en tête. » Par la suite, il montre que le jeu linguistique du mathématicien « consiste à transposer en langage des actes intellectuels réels et efficaces en leur genre [226] », et, après avoir dénoncé l'erreur des formalistes qui ne voient que le langage une fois constitué, il conclut sur l'idée de la mathématique comme « produit d'une activité humaine », enracinée dans une activité « mondaine », productrice de son propre langage, mais capable « à chaque instant de devenir l'instrument puissant d'un retour actif aux objets de l'univers [227] ». Bachelard n'a pas accordé dans son œuvre autant de place à l'épistémologie des mathématiques qu'à celle des sciences expérimentales, et je ne pense pas qu'il eût pris à son compte l'idée d'une compétition entre la mathématique et la poésie en matière de créativité linguistique. Cependant, en dehors de l'usage qu'il fait des métaphores mathématiques dans ses deux séries d'ouvrages, on reconnaîtra sans peine qu'il opère constamment, surtout à partir de son *Lautréamont* [228], des liaisons entre l'activité du poète et celle du mathématicien. M. Mansuy, qui insiste fortement sur sa formation première de mathématicien, écrit même : « Chez lui, la vision mathématicienne est une métaphore toute en souplesse [229]. » Le mot de J. Hyppolite, que nous avons déjà cité, « les mathématiques sont la poésie de la pensée », s'impose plus que jamais ici.

Nous aimerions enfin, pour préciser davantage le caractère anthropologique de la conception bachelardienne du langage, dans les deux domaines de son activité créatrice, jeter un regard sur des théories actuelles, qui se réclament souvent de la « méthode Bachelard », et que l'on peut qualifier du terme générique de structuralisme, soit en matière scientifique, soit en matière linguistique. Sans pouvoir entrer dans un débat qui demanderait de longues analyses, sans même tenir pour définitivement acquise l'idée d'une filiation directe entre les principes de la critique littéraire de Bachelard et ceux dont se réclament les principaux tenants de la « nouvelle critique » – critique « thématique » ou critique « structurale [230] » –, de G. Poulet à R. Barthes, de J. Rousset à J.-P. Richard, de C. Mauron à J. Starobinski, à A. J. Greimas ou à G. Genette, on est bien obligé de reconnaître entre tous ces travaux un isomorphisme qui n'a rien d'accidentel. A la vérité, il semblerait que les « thématiciens » ou les « structuralistes » d'inspiration bachelardienne aient davantage été marqués par le Bachelard du *Lautréamont* et de l'Imagination des éléments que par celui des deux *Poétiques* et des fragments que nous connaissons – que peu de gens, à la vérité, connaissent – de son introduction à *la Poétique du Phénix* [231]. Il y a là évidemment d'abord un problème de chronologie : la grande majorité de ces critiques avaient achevé leur « formation » et produit déjà une part plus ou moins importante de leur œuvre avant 1957 et 1960. Mais aussi, et peut-être surtout, une nouvelle organisation du savoir, de nouvelles orientations philosophiques, un état de crise pédagogique, le développement rapide des sciences humaines et leur diffusion presque aussi rapide, grâce aux « mass media » et aux mutations culturelles présentes, dans des milieux de plus en plus éloignés des cercles de spécialistes, enfin une atmosphère de technicité et de scientificité que nous respirons de plus en plus dans notre vie quotidienne, semblent avoir assuré au structuralisme contemporain et à la « nouvelle critique » une faveur que la relativité des goûts et la mobilité de la mode ne suffisent pas à expliquer. Or l'objectivisme, pour ne pas dire le mathématisme, de la démarche critique du Bachelard des années 1938-1950, nous

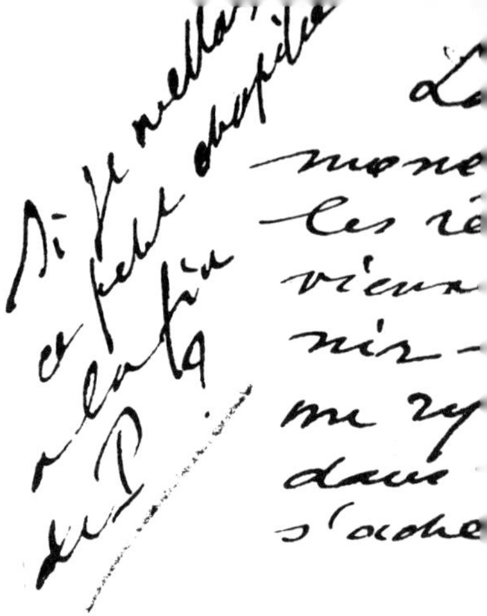

La Poétique du Phénix, manuscrit inédit.

paraît mieux accordé aux sources vives de l'inspiration et des méthodes des auteurs que nous citions plus haut, que le subjectivisme du vieux philosophe des années 1955-1960, emmuré dans ses livres comme Jonas dans le ventre de sa baleine [232], coupé davantage du monde moderne, et que l'accélération de l'histoire confine dans ses rêveries poétiques. Il établissait dans son *Lautréamont* [233] un parallélisme rigoureux entre la géométrie projective – dont il énonçait le théorème fondamental : « Quels sont les éléments d'une forme géométrique qui peuvent être impunément déformés dans une projection en laissant subsister une cohérence géométrique ? » – et ce qu'il nommait la poésie projective, dont il énonçait à son tour le théorème : « Quels sont les éléments d'une forme poétique qui peuvent être impunément déformés par une métaphore, en laissant subsister une cohérence poétique [234] ? » Cette projection métaphorique, amorce et fondement de la poésie, n'est-elle pas à la base du géométrisme critique d'un Barthes et de tous ceux qui se réclament de l'objectivisme séméiologique ou littéraire ? Allons plus loin. Quand Bachelard nous montre tout élément imaginatif ou rationnel dans la perspective de son intégration à une structure qui s'élabore elle-même selon une dynamique particulière ; quand il définit la culture par l'ordre ou la mise en ordre, et l'esprit par son activité constructrice ou organisatrice ; quand il s'empare d'une image essentielle, qu'il en révèle l'origine dyna-

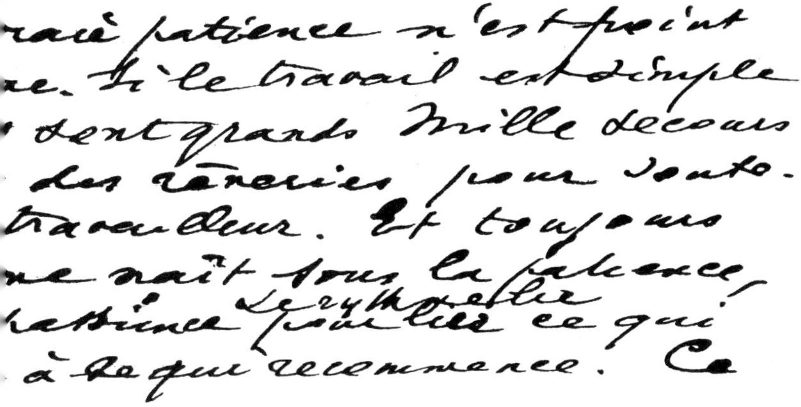
racé patience n'est point
ne. Si le travail est simple
sont grands Mille secours
des rêveries pour soute-
travailleur. Et toujours
ne naît sous la patience,
patience pour lire ce qui
à ce qui recommence. Ce

mique ou énergétique, qu'il la déploie sous nos yeux pour en faire une sorte de micro-univers, qu'il en dégage un cadre auquel s'adapteront des personnages, puis un schéma ou un programme d'action [235], et enfin un rythme parfaitement ordonné à cette action, il pratique en littérature et en science une méthode structurale. Et ce n'est pas sans raison que des rapprochements peuvent être faits entre cette méthode, le structuralisme linguistique de Benveniste et des « saussuriens » modernes ou l'ethnologie structurale de Lévi-Strauss. Allons encore plus loin : si, partant de l'analyse du langage et de sa puissance de créativité, nous revenons sur les grands thèmes de l'épistémologie dialectique et de la nouvelle histoire des sciences, nous pourrions nous hasarder à noter certaines convergences entre le discontinuisme de Bachelard et l'anti-historisme – pour ne pas dire le structuralisme – de M. Foucault, dans *les Mots et les Choses* ou *l'Archéologie du savoir*.

Mais écoutons l'une des dernières confidences de ce « faiseur de livres [236] » dans les fragments inédits de l'Introduction à *la Poétique du Phénix*. Ne remet-elle pas en question l'idée d'une poétique structurale, à fort coefficient de scientificité ? « Je pensais, écrit Bachelard dans ce « coup d'œil rétrospectif sur sa vie », que je devais étudier les images comme j'avais l'habitude d'étudier les idées scientifiques, aussi objectivement que possible. Je ne sentais pas combien il était paradoxal d'étudier

« objectivement » des élans d'imagination qui viennent mettre de l'inattendu jusque dans son langage. En multipliant les exemples, je finirais bien par trouver des lois..., je verrais se dessiner les perspectives d'une science humaine de la parole poétique, parole rehaussée par la volonté d'écrire... » Puis, songeant à son travail de documentation nécessaire à la composition de son œuvre sur l'imagination de la matière, il s'écrie : « Quatre dossiers. Quatre greniers! Quelle sécurité pour la mise en réserve des moissons et des grappillages, quelle belle installation imaginaire pour un travail interminable! Mais aujourd'hui, après tant de labeur, maintenant que mon herbier des images commentées s'étend sur plus de deux mille pages, je voudrais avoir tous mes livres à récrire. » Et ces remarques, qui vont au cœur de la problématique qui fait l'objet de ce chapitre, et qui permettraient de mieux percevoir, en définitive, la distance qui s'est de plus en plus creusée entre les diverses formes de structuralisme et la pensée de Bachelard : « Il me semble que je saurais mieux dire le retentissement des images parlées dans les profondeurs de l'âme parlante, mieux décrire la liaison des images nouvelles et des images aux longues racines dans le psychisme humain. Je saisirais peut-être *les instants où la parole, aujourd'hui comme toujours, crée de l'humain* [237]... Je développerais alors – folle ambition! – une doctrine de la spontanéité, car la spontanéité pure, où peut-elle être plus aérée, aérienne que dans le langage? *La poésie, c'est le langage qui est libre à l'égard de soi-même* [238]. » Enfin, la conclusion de ce soliloque ou de cette confidence à voix basse : « J'essaierais d'aller, si possible, à l'origine de la joie de parler. »

Étant donné le caractère très personnel de ces fragments inédits d'un ouvrage vraisemblablement inachevé, nous aurons la discrétion de n'en tirer aucune conclusion hasardeuse, comme celle qui forcerait le caractère discontinu ou évolutif de la pensée et de l'œuvre de Bachelard. Quel auteur pouvait être plus disposé à la palinodie que celui qui ironisait sur les professeurs demeurant en situation de thèse continuée? Toutefois, puisque nous avons soutenu l'idée d'une unité profonde de la pensée de Bachelard et que nous avons montré qu'à tous les niveaux de ses recherches, notamment en matière de langage, la présence active et créatrice de l'homme permettait seule la réalisation des synthèses nouvelles, nous pensons que, même au plus fort de ses débats polémiques avec les philosophies et les sciences contemporaines, même au plus aigu de ses démêlés avec le subjectivisme, il n'a jamais cessé de militer pour un humanisme [239]. Nous insistons sur ce terme, en un temps où il est passablement décrié, en particulier dans les milieux ou par les tendances philosophiques qui se réclament du structuralisme. Humanisme, certes, mais un humanisme qui était pour lui synonyme de rationalisme. De même qu'il a défini son rationalisme comme un surrationalisme, de même il a écrit : « Un homme est un homme dans la proportion où il est un surhomme [240]. » La parole, comme le sens, a toujours un sujet personnel. C'est la raison pour laquelle la thèse structuraliste de l'union arbitraire du signifiant et du signifié lui est radicalement étrangère, lui qui croit au contraire profondément à l'existence d'un style, chez le poète comme chez l'homme de science, d'un style qui est « de l'homme même », et qui forme avec la chose à exprimer une union étroite et nécessaire [241].

Place Maubert.

ES HALLES

Sagesse et présence de Gaston Bachelard

Tous ceux qui l'ont approché pourraient en témoigner : avant d'être un philosophe et un auteur – je ne dirai pas un professeur, car il avait, comme on l'a vu et comme on le verra mieux maintenant, une conception particulièrement humaine de son métier –, Bachelard était un homme. Ginestier cite dans son livre [242] le témoignage de Pierre Romeu, bibliothécaire de la section de philosophie de la Sorbonne, que nous sommes nombreux à avoir connu pendant ses longues années de bons et loyaux services. Ce confident et ami des étudiants parle de Bachelard, ami et confident des étudiants : « Ses étudiantes, il les connaissait et ne les appelait que par leur prénom. Ses étudiants, il les aimait et s'attachait vite à ceux qui travaillaient un peu avec lui, diplomitifs ou autres. Alors, il voulait tout savoir d'eux, et surtout il ne pouvait souffrir de les voir malheureux [243]. » Un second témoignage est celui de son collègue et ami Jean Lacroix, qui évoque, dans la préface de l'important ouvrage de Vincent Therrien, sa rencontre avec lui en octobre 1931, à Dijon [244] : « J'ignorais que les six années que j'allais passer dans la capitale de la Bourgogne seraient marquées par son amitié. Non qu'il parlât souvent de philosophie. Peut-être au contraire parce qu'il en parlait peu. Bachelard était avant tout un vivant et un existant. Lui-même disait qu'il philosophait à peine plus que Descartes : quand il écrivait un livre, quand il lisait un ouvrage de philosophie, quand il enseignait. Mais il aimait faire lui-même ses courses

Rue Mouffetard.

et sa cuisine, choisir son vin et sa nourriture, deviser en buvant un pot de bière, raconter des histoires, vivre enfin en homme libre, toujours présent à l'instant. C'était l'être le plus humain que j'aie jamais connu. »

L'homme aux livres – qui dialoguait en rêvant, même dans sa solitude objective, avec les auteurs ou leurs héros – ne faisait qu'un avec l'homme du dialogue réel avec les vivants. Un jour, peut-on espérer, sera publiée sa correspondance, qui doit être volumineuse d'après quelques sondages auxquels nous avons pu nous livrer. Elle permettra d'apprécier, avec des précisions historiques et des nuances psychologiques qui manquent encore pour l'établissement de sa biographie intellectuelle, le bien-fondé de cet aphorisme de *l'Eau*, que nous venons de citer, et qu'un lecteur pressé aurait tort d'interpréter en termes nietzschéens : « Un homme est un homme dans la proportion où il est un surhomme. On doit définir un homme par l'ensemble des tendances qui le poussent à dépasser l'humaine condition [245]. » A défaut de ses manuscrits, difficilement accessibles – d'autant plus qu'un certain jour de mars 1967, des pillards osèrent saccager sa maison de Dijon où avaient été réunis la plupart d'entre eux –, ses lettres originales révèlent, dans leur fine calligraphie allongée et l'absence de rature, l'amour du métier chez ce bon travailleur, constamment tendu vers la perfection. L'homme du dialogue : le témoignage imprimé de ses communications et de ses interventions à la Société française de philosophie le révèle suffisamment. Pour ce philosophe de la raison ouverte et accueillante, en interrogation perpétuelle sur le monde et sur les hommes, ces dialogues bien réglés avec des interlocuteurs qui s'appelaient Brunschvicg, Lalande, Louis de Broglie, Jamati, R. Bayer, E. Souriau, M. Gueroult, F. Alquié, J. Favez-Boutonier, L. Destouches, G. Canguilhem (et combien d'autres !) étaient une occasion privilégiée de remettre en question ses certitudes du moment, le banc d'essai de ses idées neuves. A une très longue intervention d'André Lalande, lors de la mémorable séance du 13 mars 1937 [246] où il avait été invité à défendre ses thèses concernant la continuité et la multiplicité temporelles, Bachelard répondait non seulement en prenant acte de la richesse des idées qu'il venait d'accueillir, mais – à la manière d'un Socrate, quand la fortune le mettait en présence d'un interlocuteur digne de lui – il fait immédiatement fond sur la thèse exprimée par l'autre pour tenter de l'approfondir, d'aller si possible plus loin que lui, d'interrogé se faire interrogateur, et finalement, par une méditation à voix haute dont il avait le secret, recharger à, la faveur de ce qu'il vient d'entendre, ses batteries intellectuelles.

Le nom de Socrate m'est naturellement venu à l'esprit en évoquant les dialogues de Bachelard. Sans recourir à de trop faciles rapprochements – la singularité de l'homme dont nous voulons esquisser le portrait s'oppose à l'inévitable affadissement des parallèles –, on est frappé par une série de traits qui tiennent à son idiosyncrasie, que ses livres révèlent, mais que la mémoire collective de ses étudiants pourrait multiplier à l'infini : l'humour, le goût des boutades et des aphorismes, l'optimisme rayonnant, le courage dans les épreuves, et surtout ce sens du concret et de l'humain dont il ne se départait jamais, pas même au milieu des plus subtiles argumentations, cette naïveté rusée qui avait su préserver l'enfant dans l'homme mûr et chez le vieillard, et faire de lui le plus admirable des éducateurs, ces traits sont ceux que le lecteur de Platon recompose par son imagination en *animus* et en *anima*, à l'intention de Socrate.

De l'humour et des aphorismes de Bachelard, dont on a pu déjà apprécier quelques échantillons, j'aimerais rassembler un court florilège, en le choisissant spécialement dans ses ouvrages « sérieux », ceux de philosophie et d'histoire des sciences. Mieux qu'une longue analyse de son caractère ou de son sens poétique, il donnera une première mesure de cette sagesse, où je voudrais mettre ce que Platon-Socrate introduisait d'intelligence, de santé morale, de fin mélange de théorie et de pratique dans le grec *sophrôsunè*. De cette sagesse et de cette ironie, qui ne faisaient qu'un, pour Socrate comme pour Bachelard.

Dans *la Philosophie du non*, il vient d'expliquer le concept de masse [247], en le prenant, comme toujours, dans son histoire. Et, montrant qu'une rêverie anagogique « essentiellement mathématisante [248] » est nécessaire à l'intelligence de l'atome, il appelle de ses vœux un poète du panpythagorisme, qu'il oppose au « colonel qui compte les soldats de son régiment [249] ». Et de conclure : « La hiérarchie des choses est plus complexe que la hiérarchie des hommes. L'atome est une société mathématique qui ne nous a pas encore dit son secret ; on ne commande pas cette société avec une arithmétique de militaire [250]. » Dans *la Formation de l'esprit scientifique*, il se plaint de l'indigence des bibliothèques universitaires en ouvrages scientifiques ou platement utilitaires. Puis, cette confidence où perce une indignation non feinte, mais que les références personnelles – ô combien! – rendent savoureuse : « J'ai cherché vainement des livres de cuisine à la bibliothèque de Dijon [251]. » C'est avec non moins de véhémence amusée qu'il déplore, dans le même ouvrage, la rareté des livres de vulgarisation scientifique à notre époque et qu'il commente les rapports entre un auteur scientifique du XVIIIe siècle et ses lecteurs, contrastant avec les rapports abstraits qui lient le lecteur moderne à un ouvrage scientifique « officiel » (le contraire de l'enseignement de Bachelard!) : « A peine les premières pages sont-elles franchies qu'on ne laisse plus parler le sens commun ; jamais non plus on n'écoute les questions du lecteur. *Ami lecteur* y serait assez volontiers remplacé par un avertissement sévère : fais attention, élève! Le livre pose ses propres questions, le livre commande [252]. » La mentalité alchimique, qu'il analyse dans le même livre avec une compréhension joyeusement fraternelle, puisqu' « elle fond les images objectives et les désirs subjectifs [253] », lui sert de truchement pour énoncer cette sorte de théorème, si personnalisé lui aussi : « Pour manier l'écumoire, il faut vraiment un idéal moral [254]. » Enfin, dans la très sérieuse et solide conclusion du livre, intitulée *Objectivité scientifique et Psychanalyse*, il lui arrive, sans y prendre garde, de glisser, perdue au milieu d'un développement consacré à l'idée de stimulation et à celle d'échec, une définition de l'ivresse en trois mots : « un énorme succès subjectif [255] ». Devons-nous la rapprocher d'autres propos œnologiques du philosophe champenois ? Je n'en citerai qu'un, emprunté, celui-ci, à un ouvrage qui ne se donne pas comme scientifique, *la Terre et les Rêveries du repos*. On appréciera néanmoins sa « classe » philosophique : « Le vin est vraiment un universel qui sait se rendre singulier s'il trouve toutefois un philosophe qui sache le boire [256]. » Mais ne sont-ils pas aussi rares que les hommes, recherchés par Diogène, les philosophes, ces « Chevaliers de la Table Rase » ? Humour beaucoup moins chaleureux et mêlé d'irritation dans cette constatation de *l'Activité rationaliste de la physique contemporaine* : « Le mot ondulatoire est à peine prononcé que le philosophe revient à ses songes devant les frissons d'une eau dormante. Il ne veut pas penser théoriquement les phénomènes [257]. » Mais quoi ! Ne serait-ce pas une revanche d'*anima* sur *animus* ? Humour plus détendu, dans cet éloge de l'hypocrisie – mais quelle hypocrisie ! –, « sorte de liberté de penser à l'égard de la pensée elle-même [258] », que l'on trouve dans un chapitre du *Rationalisme appliqué* sur la surveillance intellectuelle de soi. Le logicien psychologue veut souligner en fait l'importance des pensées fictives, et cela, dans le domaine où il semblerait que la feinte a le moins de raisons de se produire : en épistémologie ! « Par bien des côtés, écrit-il [259], un *larvatus prodeo* joue avec le *cogito* à une sorte de jeu de cache-cache intime. Le *larvatus prodeo* extraverti conduirait à des formules comme celles-ci : je dis que je pense, donc je ne pense pas ce que je dis – je ne suis pas ce que je dis que je suis – je ne suis tout entier ni dans l'acte de ma pensée, ni dans l'acte de ma parole. » Il est des régions de l'intellectualité où la fine pointe de l'analyse se fait humour pour atteindre plus sûrement les âmes délicates.

De même que Socrate se faisait poète ou demandait le secours des Muses (ou produisait devant ses disciples un étranger ou une étrangère ayant une « belle histoire » à raconter) quand le pouvoir du *logos* paraissait inférieur à la tâche de persuader de certaines vérités, de même Bachelard, en parsemant son œuvre d'aphorismes ou de définitions poétiques – qui semblaient éclore naturellement sur ses lèvres – fait sourdre chez son lecteur des rêveries d'*anima* pour le prédisposer aux pensées d'*animus* ou pour l'en reposer. Voici le nid, « bouquet de feuilles qui chante [260] », ou l'arbre droit, « force évidente qui porte une vie terrestre au ciel bleu [261] », ou encore l'émerveillement, « rêverie instantanée [262] ». « Le repos est une vibration heureuse [263] », de même que « l'être commence par le bien-être [264] ». Humour poético-scientifique ? On peut en cueillir des traits à pleines brassées : « Un seul axiome dialectisé suffit pour faire chanter toute la nature [265] », « le temps, à petits quanta, scintille [266] », etc. Voici des préceptes ou des commandements : « Admire d'abord, tu comprendras ensuite [267] », « Il faut forcer la nature à aller aussi loin que notre esprit [268] », « Il faut que la pensée conquière ou cesse d'être [269] ». Ou des assertions, qui ont le tranchant de définitions ou de théorèmes mathématiques : « Simplifier, c'est sacrifier [270] », « c'est la pensée qui mène l'être [271] », « c'est par le possible qu'on découvre le réel [272] », « une science du général sera d'abord une science superficielle [273] », « désormais l'hypothèse est synthèse [274] », « on peut marcotter l'inconscient, on ne le déracine pas [275] ». Jeux de mots, jeux d'esprit, on dirait que Bachelard retrouve dans certaines formules qu'il a ciselées pour notre joie le plaisir et la naïveté des comptines enfantines ou des vers appris par cœur dans les livres d'écolier : « La fée est une beauté en miniature, la féerie est la beauté du monde [276] », « le rêve de la nuit est un rêve sans rêveur [277] ». Subtilités du langage – ce pont jeté entre la philosophie et la poésie –, qui irriguent aussi bien, ici comme toujours, le versant épistémologique et le versant littéraire de son œuvre. Que dire de ce microphysicien « pour qui toucher un corps est aussi métaphorique que toucher un cœur [278] », ou de cet alchimiste, « éducateur de la matière [279] » ? Paradoxes porteurs de vérité scientifique, comme dans cette proposition : « Le monde caché sous le phénomène est plus clair que le monde apparent [280] » ou d'une leçon éthico-sociale comme dans cette autre : « la plus grande conquête morale que l'homme ait jamais faite, c'est le marteau ouvrier [281] » ; apostilles constellées de valeurs poético-métaphysiques comme dans cette interrogation-réponse : « Qu'est-ce qu'un beau poème sinon une folie retouchée [282] ? », cent autres formules surprenantes, touchant au plus vif de notre intelligence ou de notre émotion, réveillant parfois les forces somnolentes de notre inconscient, mais excitant toujours notre appétit de connaissance, voilà le fait d'un maître à penser et d'un maître à vivre !

Sagesse de Bachelard : c'est bien dans ses préceptes pédagogiques et dans son art de vivre qu'elle se révèle dans toute son originalité et dans toute son efficacité. Comme elle nous semble à la fois présente et prophétique ! P. Ginestier, dont l'ouvrage est habilement construit, du début jusqu'à la fin, sur un plan rigoureusement symétrique, se partageant entre la philosophie de la découverte scientifique et la philosophie de la création artistique, traite séparément et homothétiquement

(Hans Bellmer, 1957)

de la pédagogie de Bachelard et de son éthique [283] ; il voit dans la première le couronnement de l'application de ses principes épistémologiques, et dans la seconde les conséquences (ou les fondements) de son esthétique. Pour ma part je fondrais l'art d'instruire et l'art de vivre selon Bachelard en une passion unique, car – on l'a souvent répété, et on le montrera ici – son métier de professeur était, avec ses livres, sa véritable table d'existence et sa pratique quotidienne de la philosophie. C'est à Louis Guillermit que j'emprunterai d'abord, avec le beau titre de son article (« Bachelard ou l'enseignement du bonheur [284] »), quelques propositions auxquelles j'acquiesce entièrement. « Une certaine atmosphère de festival se créait dans l'amphithéâtre en l'attente de son apparition, et il est vrai que la rumeur de cette foule en évoquait d'autres interrompues par les trois coups ou l'arrivée du chef au pupitre [285]. » Et rappelant l'aveu de son premier cours de Sorbonne (« Je suis un philosophe campagnard »), symétrique de sa confidence du dernier (« J'ai été un philosophe du quotidien »), il poursuit : « Tels ces villageois soudainement allègres à la seule arrivée du ménestrel que chacun se persuade avoir toujours connu et aimé, les auditeurs se prenaient tout à coup à se sentir heureux de vivre, parce que le monde s'éveillait sous leurs yeux, parce qu'ils connaissaient soudain l'allégresse d'une pensée qui ne paraissait se perdre que pour se retrouver [286]... » Montrant le caractère quasi magique de cette parole chaleureuse et vivante qui déliait à proprement parler son auditoire, il dit encore : « Ce bonheur de penser et de vivre, de faire passer la vie dans la pensée, qu'il prodiguait magiquement, c'était à mon sens le trésor le plus précieux de son enseignement philosophique [287] ».

Nous avons pu apprécier quelques traits de l'humour bachelardien. Quand la rédaction d'un livre n'imposait pas à la malice et à la vitalité de ce professeur de bonheur de fragiles garde-fous mais qu'il pouvait se livrer à cœur-joie, et à paroles débridées, devant un auditoire enthousiaste, à ses démons familiers, il lui arrivait de proposer aux étudiants des dissertations du genre de celle-ci : « L'arsenic est un poison alors qu'il n'empoisonne personne, a dit Bradley. Mais comment se fait-il que la même formule ne puisse être transposée dans l'humain ? Dira-t-on d'un homme qu'il est un

(Robert Lapoujade)

empoisonneur alors même qu'il n'empoisonne personne? »

A son maître Brunschvicg qui s'étonnait un jour de ce que ses ouvrages d'épistémologie comportaient tant de pages consacrées à l'enseignement des sciences : « C'est sans doute, répondit Bachelard, que je suis davantage professeur que philosophe [288]. » Empruntons précisément quelques préceptes pédagogiques à deux de ses ouvrages de philosophie des sciences, *le Rationalisme appliqué* et *la Formation de l'esprit scientifique*. En un temps où il est journellement question de formation des maîtres et où les « événements » de mai 1968 et leurs premières conséquences ont révélé même aux penseurs les plus pétrifiés l'ampleur de notre crise universitaire, signe ou effet d'une crise de la culture et de la civilisation, il est bon de méditer sur ces paroles, dont Bachelard faisait sa vérité de tous les jours : « Rester un écolier doit être le vœu secret d'un maître. Du fait même de la prodigieuse différenciation de la pensée scientifique, du fait de la spécialisation nécessaire, la culture scientifique met sans cesse le véritable savant en situation d'écolier [289]. » Et encore celles-ci : « Qui est enseigné doit enseigner. Une instruction qu'on reçoit sans la transmettre forme des esprits sans dynamisme, sans autocritique. Dans les disciplines scientifiques surtout, une telle instruction fige en dogmatisme une connaissance qui devrait être une impulsion pour une démarche inventive. Et surtout, elle manque à donner l'expérience psychologique de l'expérience humaine [290]. » Aux partisans d'un « magistralisme » absolu comme à ceux de l'auto-enseignement, nous conseillerions de lire les pages inoubliables sur le rationalisme enseignant et enseigné [291] et sur la nécessaire dialectique, non pas du maître et de l'esclave, mais du maître et du disciple. Au sein de cette cité scientifique qu'il aimerait voir se constituer et pour laquelle il a œuvré toute sa vie, tous les hommes sont libres et égaux en droit comme en fait. Il le sait bien, lui qui s'est mis sur le tard à l'école des poètes et qui apprenait les mathématiques en Spéciales à Saint-Louis, à un âge où des maîtres prétentieux se tournent vers leur passé de diplômes et ne songent plus qu'à se répéter : « Les savants vont à l'école les uns des autres. La dialectique du maître et du disciple s'inverse souvent. Dans un laboratoire, un jeune chercheur peut prendre une connaissance si poussée d'une technique ou d'une thèse qu'il est sur ce point le maître de son maître. Il y a là les éléments d'une pédagogie dialoguée dont on ne soupçonne ni la puissance ni la nouveauté si l'on ne prend pas une part active à une cité scientifique [292]. » Aux lecteurs superficiels, toujours pressés d'étiqueter les hommes et de les définir en statiques formules – le plus souvent idéologiques – qui ont pu déplorer l'absence dans l'œuvre de Bachelard de prise de position sociale ou politique, nous conseillerons une relecture de ces pages sur l'Université et la cité scientifique : s'ils n'y voient pas les bases du plus démocratique et du plus socialiste des programmes d'action politique, c'est que leur aveuglement ou leur sectarisme est incurable! Quant à ceux qui, disciples d'Ivan Illich [293], rêvent d'une société sans école tout en stigmatisant les déformations mentales ou morales que l'école infligerait aux écoliers, leurs imprécations, quelquefois sans doute justifiées, seraient sans portée avec des maîtres et une école « à la Bachelard ». Car cet inventeur d'un nouvel esprit scientifique et d'un nouvel esprit littéraire a fécondé, autant que l'histoire des sciences, la critique et la littérature, la pédagogie active. Sa dialectique de l'enseignant-enseigné a non seulement rapproché la science de l'école – Dagognet parle d'une « incorporation » des deux [294] –, mais l'école (et la science!) de la société. Qui, soucieux de justice sociale et indifférent aux grandeurs d'établissement, serait en désaccord avec l'homme qui déclarait en 1950 devant les membres de la Société française de philosophie : « Quand il y a des maîtres qui ne sont plus à l'école, alors ils ne travaillent plus [une fois de plus, le mot de travail!], alors ils ont quitté précisément l'activité de la cité scientifique ; ils en sont des illustrations, ils ne sont pas nécessairement des ouvriers [295] »? Quand on se souvient de l'opposition bachelardienne de l'image matérielle et de l'image formelle, de l'intimité des choses et de la superficialité du décor, on imagine ses sentiments à l'égard de ces figures « décoratives » au nombre desquelles il eût pu ranger un certain nombre de « grands » professeurs. Science, école et société : cette trilogie, réductible à l'unité, le philosophe campagnard, demeuré toute sa vie fidèle aux vertus laïques et républicaines que les instituteurs de son enfance lui avaient inculquées, ne manque aucune occasion de la célébrer. J'ai encore dans les oreilles le son de sa voix – ce roulement, souvent célébré, de cailloutis des coteaux champenois –, capté récemment aux Archives sonores de l'ORTF, tandis qu'à propos du centenaire de la Révolution de 1848 [296], il évoque avec enthousiasme et véhémence ces savants un peu fous dans leurs généreuses utopies, républicains ou socialistes, tous amis du peuple, dont Raspail lui paraît être le modèle accompli. Même les « demi-savants » trouvent grâce devant lui ! Il faut l'entendre ironiser sur ceux qui, incapables de science, même infinitésimale, dédaignent ceux qui en possèdent la moitié !

Science et culture, et même science et culture populaire (au sens élevé du terme) : en réhabilitant la figure de Raspail et même celle d'Auguste Comte, en dépit de sa défaveur aux yeux des philosophes contemporains, Bachelard accepte le risque d'être taxé de passéiste, car il sait, d'un sûr pressentiment, qu'il aura l'avenir pour lui, quand les sciences seront intégrées à cette culture générale, injustement et idéologiquement identifiée à la culture classique. Et ce ne sont pas les « littéraires » qui pourront lui reprocher une quelconque indifférence à l'égard de la poésie ! A la fin de *la Formation de l'esprit scientifique* [297], il rappelle le mot de Charles Andler sur le caractère aristocratique de la science dans les civilisations grecque et romaine, et il ajoute : « Nous devrions faire notre profit de cette remarque. Si nous allions au-delà des programmes scolaires jusqu'aux réalités psychologiques, nous comprendrions que l'enseignement des sciences est entièrement à réformer ; nous nous rendrions compte que les sociétés modernes ne paraissent point avoir intégré la science dans la culture générale. » Et de préconiser le principe d'une *culture continuée*, non pas le « recyclage » périodique qui permet de rattraper une partie du retard existant entre l'état de ses connaissances et l'état de la science contemporaine, mais l'éducation ou l'étude permanente, qui a en outre le mérite de répartir plus équitablement au cours d'une vie les chances de promotion sociale. Bachelard savait de quoi il parlait ! « L'École continue tout le long d'une vie. Une culture bloquée sur un temps scolaire est la négation même de la culture scientifique. Il n'y a de science que par une École permanente [298]. » Tout commentaire serait superflu, qui voudrait souligner l'actualité et le caractère « progressiste » de ces affirmations. Et, comme pour répondre à ceux que semblaient préoccuper ses idées sociales, Bachelard termine son livre par une invitation pressante aux responsables politiques : « C'est cette école que la science doit fonder. Alors les intérêts sociaux seront définitivement inversés : *la Société sera faite pour l'École et non pas l'École pour la Société* [299]. »

La place nous manque pour montrer dans le détail des analyses la lucidité de ses vues psycho-pédagogiques et éthico-sociales, l'actualité de ses critiques, l'intelligence audacieuse et généreuse de son programme de réforme de l'enseignement. Sa philosophie tout entière commandait d'ailleurs cet art et cette éthique pédagogiques. Qu'il s'agisse de ses remarques sur le cerveau inachevé – et non inoccupé – de l'enfant [300], que la société achèvera par le langage, l'instruction, le dressage ; ou sur la disponibilité du maître qui doit conserver le même potentiel de curiosité que le plus doué de ses élèves ; de sa psychanalyse des attitudes enseignantes en fonction de la discipline enseignée [301] ; de ses multiples critiques de la superstition des faits ou de l'abus des statistiques dans les manuels scolaires, notamment dans « les disciplines qui ne sont scientifiques que par métaphore [302] » ; de sa dénonciation opiniâtre des intuitions usuelles et de l'expérience commune, ou de l'abus des tests psycho-pédagogiques, dont la précision est « la mesure du néant [303] » : dans tous ces cas, Bachelard énonce, négativement et positivement, les principes d'une pédagogie nouvelle qui sont naturellement ceux de sa nouvelle épistémologie : nécessité de l'obstacle pédagogique et de l'échec ; indifférence à l'égard de la matière enseignée, l'élément décisif étant l'attitude enseignante ; pédagogie du discontinu et de l'incertitude, qui permet seule de vaincre la rigidité des idées reçues.

Si pour Bachelard – comme pour tout professeur authentique – les relations du maître et de l'élève commandent la finalité de l'enseignement, elles sont aussi, elles sont surtout les conditions exemplaires de l'exercice de la liberté, de la tolérance, du respect des autres et de soi-même, de la recherche commune de la vérité. Même l'enseignement des vérités scientifiques exige, tout autant que la connaissance des axiomes, des schémas déductifs, des hypothèses ou des lois expérimentales, la confiance de l'élève ou de l'étudiant à l'égard de son professeur. Méfiance ou suspicion, qu'elles soient justifiées ou non, détruisent toute communication pédagogique, et par conséquent toute communication scientifique. Ces principes qui devraient être universellement admis, tant ils coulent de source, commandent tout naturellement à une éthique, à un art de vivre. Si Bachelard n'a pas publié un seul ouvrage de morale, le lecteur devrait être désormais disposé à admettre que son œuvre écrite, son métier d'enseignant, sa vie tout entière constituent une leçon permanente – ou mieux, continuée – de morale personnelle et de morale sociale.

Ici encore, on rejoint certains thèmes majeurs de Bachelard, poète de l'imaginaire et épistémologue. Tout d'abord, la dialectique de la durée. L'homme est un être temporel, et l'une des premières expériences qu'il réalise, d'après Pierre Janet – que cite Bachelard –, est celle du temps comme *obstacle* ou comme *aide*. « L'être alternativement perd et gagne dans le temps ; la conscience s'y réalise ou s'y dissout [304]. » Dissolution dans le temps, c'est-à-dire fuite hors du temps ; réalisation dans le temps, c'est-à-dire conscience de son devoir-être et de son devoir-agir et tout à la fois de la limitation des créatures. L'homme doit savoir composer avec le temps, c'est-à-dire avec lui-même. Ses souvenirs ne sont pas neutres, le passé ne lui est pas donné en bloc, le temps est fissuré : « Il faut replacer nos souvenirs dans un milieu d'espérance ou d'inquiétude [305]. » A l'optimisme bergsonien de la durée continue et de la permanence du passé intégral dans le moment présent, Bachelard oppose le courage lucide de la perception d'un temps disparate et granuleux, dont les instants, qualitativement divers, peuvent être aussi bien ceux de l'invention joyeuse que de la solitude. « L'instant, écrit-il [306], c'est déjà la solitude. Par une sorte de violence créatrice, le temps limité à l'instant nous isole non seulement des autres, mais de nous-mêmes, puisqu'il rompt avec notre passé le plus cher. » Mais de cette solitude, propice à la rêverie, à la mélancolie, à la création, non seulement Bachelard ne fait pas une règle de vie, mais il lui arrive de la considérer comme une expérience cruelle, qu'il faudra bien réintégrer dans un rythme propice d'existence. C'est à l'amour, relation privilégiée de l'axe *je-tu*, perpétuel rejaillissement, découverte créatrice à deux de la jeunesse du monde et de la jeunesse du cœur, qu'il réserve dans son éthique la première place, même si les passages qui lui sont consacrés sont assez peu nombreux. Si Bachelard a défini l'homme comme une création du désir – formule que certains exégètes ont voulu porter à l'absolu –, sa réflexion sur la discontinuité temporelle et l'expérience commune lui ont appris que le désir retombait vite. Porté de tout son être vers le futur, qui pour lui équivaut à la joie, il ne manque pas une occasion de rappeler les désillusions de celui qui veut pérenniser le passé ou fonder l'amour sur le désir sexuel. « Revivre un temps disparu, c'est apprendre l'inquiétude de notre mort [307]. » Et encore : « La désillusion de l'enfant toujours déçu par l'intérieur du polichinelle n'a d'égale que la désillusion de l'amoureux quand il connaît sa maîtresse [308]. » Amertume, pessimisme, ou simplement lucidité devant « les choses de la vie »? Combien de couples, s'ils ne s'aveuglaient pas volontairement ou involontairement sur leur échec ou leur demi-échec, ne souscriraient-ils pas à ces simples remarques qui s'achèvent en boutade : « Dans un ménage s'éteignent les rêves, se désamorcent les puissances, s'embourgeoisent les vertus. Et l'*animus* et l'*anima* ne se manifestent trop souvent que par l'animosité [309]. »

L'amour est d'abord oubli de soi, ou tout au moins absence d'égoïsme. Le bonheur individuel se conquiert par l'intérêt que l'on porte à l'autre. « Pour être heureux, il faut penser au bonheur d'un autre [310]. » Cette petite phrase, que l'on peut lire à la fin de *la Psychanalyse du feu* – c'est toujours dans les dernières pages de ses livres qu'on est sûr de trouver le Bachelard le plus intime, comme la quintessence de sa pensée éthique, sociale, pédagogique, philosophique –, pourrait se recommander de Spinoza si elle n'exprimait pas une expérience vécue. Pour exalter le bonheur et l'amour, sa plume se fait parfois tendre et mélancolique, parfois grave, toujours lucide, parfois lyrique, comme dans ces lignes de *la Dialectique de la durée :* « Enivrante joie du rendez-vous! Il suffit d'aimer assez, de craindre tout, d'attendre dans la plus folle des inquiétudes pour que celle qui tarde apparaisse soudain plus belle, plus certaine, plus aimante. L'at-

(Jacques Fouquet)

(Albert Flocon)

(Jacques de Potier)

tente en creusant le temps rend l'amour plus profond... Elle rend à un amour fidèle le charme de la nouveauté [311]. »

Mais l'amour, on l'a vu, n'est pas absence au monde des hommes et à la communauté sociale. Au contraire ! Cette ouverture au monde, dont le philosophe des sciences, le poète de l'imaginaire ou le professeur fit sa règle de vie et son axe de pensée, le conduisait à privilégier, dans ses rapports avec les hommes, la générosité, combattant par ailleurs la volonté de puissance sous toutes ses formes. Sa meilleure arme, c'est encore la raison, la volonté de raison : « Avoir raison des hommes par les choses, voilà l'énorme succès où triomphe, non plus la volonté de puissance, mais la lumineuse volonté de raison, *der Wille zur Vernunft* [312]. » Avoir raison des hommes par les choses, c'est-à-dire par la force irrésistible d'une vérité patiemment mais énergiquement défendue au nom de la raison. Quant à avoir raison des hommes par les hommes... Par discrétion, il se contente d'écrire : « Doux succès où se complaît la volonté de puissance des hommes politiques [313] ! » Nous sommes en 1938 ; *la Condition humaine* date de 1933 et *les Grands Cimetières sous la lune* précisément de 1938. Nous savons, et lui aussi bien que personne, à quelles extrémités certains « hommes politiques » poussèrent leur volonté pathologique d'avoir raison des hommes. Plus d'un ami, plus d'un étudiant, plus d'un collègue de Bachelard combattit cette volonté au prix de sa vie. L'un d'eux, Jacques Solomon, jeune philosophe marxiste fusillé par les Allemands, avait écrit un article assez violemment critique à propos du *Nouvel Esprit scientifique*. Ce papier fut retrouvé après sa mort. La revue marxiste *la Pensée* le publia en 1945 [314], non sans en avoir demandé l'autorisation à Gaston Bachelard, qui l'accorda sans l'ombre d'une hésitation. Attitude toute naturelle, pensera-t-on. A notre époque marquée par des signes inquiétants d'intolérance, le libéralisme de Bachelard mérite d'être particulièrement loué, car il est pour les générations montantes un modèle d'exercice authentique de la liberté. Au nom même de cette liberté et du respect que lui inspirait la jeunesse, il eût certainement refusé d'admettre qu'il pût servir de modèle à qui que ce soit, et spécialement à des jeunes gens. Écoutons-le, dans une dernière leçon « socratique », aussi peu dogmatique que possible et en laquelle on aimerait résumer sa sagesse, dénoncer l'autoritarisme magistral, que ce soit celui des parents ou des professeurs. A notre époque de profonde mutation culturelle et de crise de la civilisation, où l'on ne manque pas de mettre en cause la « crise de l'autorité » et d'analyser le « conflit des générations » sans en chercher toutefois des motivations suffisantes, il est bon de méditer ces paroles : « Les parents abusent souvent plus encore de leur savoir que de leur pouvoir... L'omniscience des parents, suivie bientôt à tous les niveaux de l'instruction par l'omniscience des maîtres, installe un dogmatisme qui est la négation de la culture. Quand ce dogmatisme est attaqué par les folles espérances de la jeunesse, il se fait prophétique. Il prétend s'appuyer sur une « expérience de la vie » pour prévoir l'expérience de la vie. Or les conditions du progrès sont désormais si mobiles que l'« expérience de la vie » passée, si une sagesse pouvait la résumer, est presque fatalement un obstacle à surmonter si l'on veut diriger la vie présente... Plus on est âgé, plus on se trompe sur les possibilités de vie de la jeunesse [315]. »

Sagesse de Gaston Bachelard! Au moment de prendre congé de lui, ou plutôt de lui céder entièrement la parole pour tenter, par un petit nombre de textes caractéristiques, d'évoquer sa présence à l'intention de ceux qui ne l'ont pas connu, je voudrais retenir, à titre symbolique, une dernière boutade de ce philosophe campagnard. Elle exprime, sous ses dehors rustiques, toute sa délicatesse d'âme, son indulgence infinie pour les hommes, sa philosophie poétique de la vie, et l'usage qu'il avait appris à faire de l'imagination dans une synthèse toute personnelle de stoïcisme et d'épicurisme : « Quand un voisin, dans ma demeure parisienne, plante trop tard des clous dans la nuit, je « naturalise » le bruit. Fidèle à ma méthode de tranquillisation à l'égard de tout ce qui m'incommode, je me dis être dans ma maison de Dijon et je me dis, trouvant tout naturel ce que j'entends : « C'est mon pic qui travaille dans mon acacia [316]. »

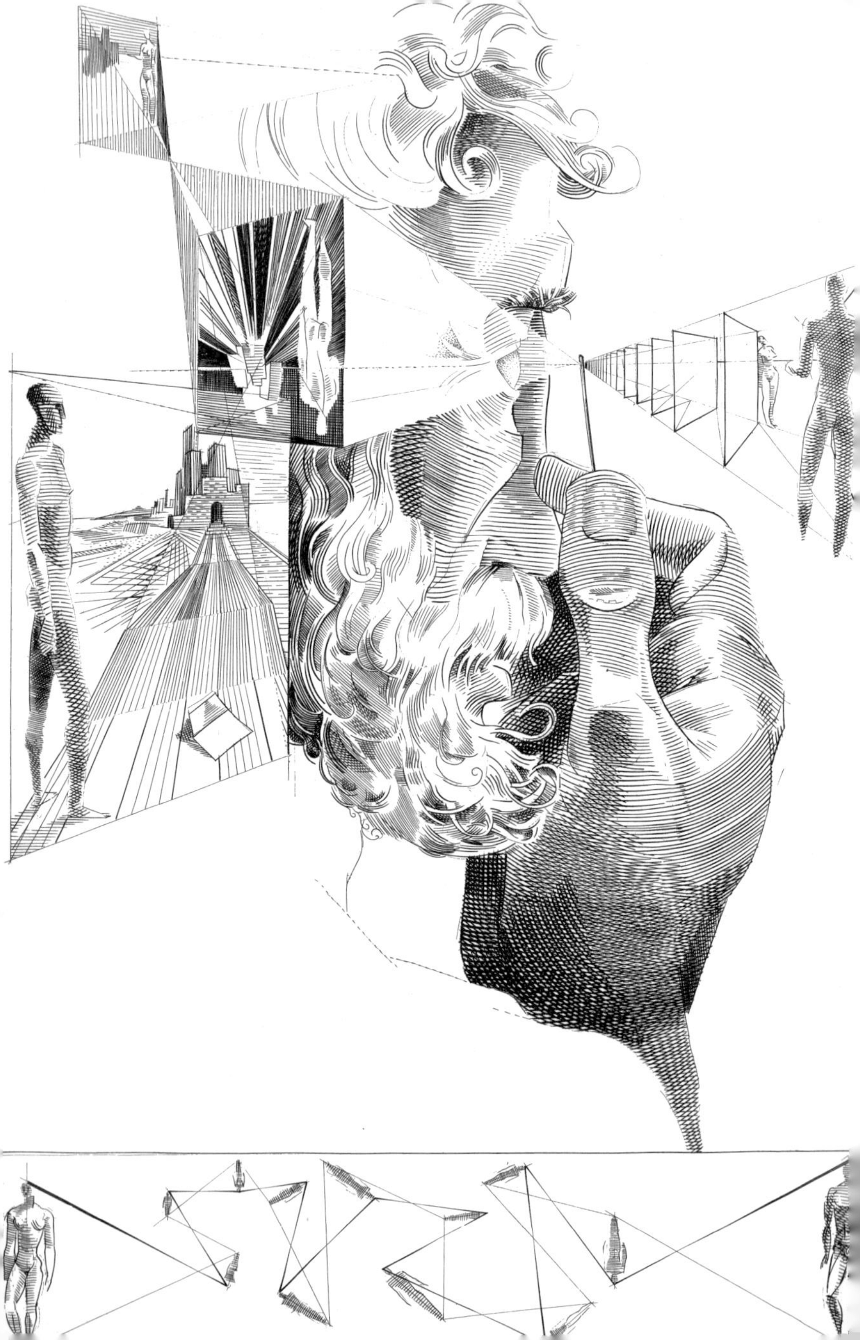

Choix de textes

POUR UNE IMAGINATION DÉMIURGIQUE

L'imagination n'est pas, comme le suggère l'étymologie, la faculté de former des images de la réalité ; elle est la faculté de former des images qui dépassent la réalité, qui *chantent* la réalité. Elle est une faculté de surhumanité. Un homme est un homme dans la proportion où il est un surhomme. On doit définir un homme par l'ensemble des tendances qui le poussent à dépasser *l'humaine condition*. Une psychologie de l'esprit en action est automatiquement la psychologie d'un esprit exceptionnel, la psychologie d'un esprit que tente l'exception : l'image nouvelle greffée sur une image ancienne. L'imagination invente plus que des choses et des drames, elle invente de la vie nouvelle, elle invente de l'esprit nouveau ; elle ouvre des yeux qui ont des types nouveaux de vision. Elle verra si elle a « des visions ». Elle aura des visions si elle s'éduque avec des rêveries avant de s'éduquer avec des expériences, si les expériences viennent ensuite comme des preuves de ses rêveries. Comme le dit d'Annunzio :

« Les événements les plus riches arrivent en nous bien avant que l'âme s'en aperçoive. Et, quand nous commençons à ouvrir les yeux sur le visible, déjà nous étions depuis longtemps adhérents à l'invisible. »

Cette adhésion à l'invisible, voilà la poésie première, voilà la poésie qui nous permet de prendre goût à notre destin intime... La vraie poésie est une fonction d'éveil. (*L'Eau et les Rêves*, p. 23-24.)

Albert Flocon,
Châteaux en Espagne.

Victor Brauner, Tableau à quatre pattes, 1965, coll. Iolas.

Pour qu'une rêverie se poursuive avec assez de constance pour donner une œuvre écrite, pour qu'elle ne soit pas simplement la vacance d'une heure fugitive, il faut qu'elle trouve sa *matière*, il faut qu'un élément matériel lui donne sa propre substance, sa propre règle, sa poétique spécifique. Et ce n'est pas pour rien que les philosophies primitives faisaient souvent, dans cette voie, un choix décisif. Elles ont associé à leurs principes formels un des quatre éléments fondamentaux qui sont ainsi devenus des marques de *tempéraments philosophiques*. Dans ces systèmes philosophiques, la pensée savante est liée à une rêverie matérielle primitive, la sagesse tranquille et permanente s'enracine dans une constance substantielle. Et si ces philosophies simples et puissantes gardent encore des forces de conviction, c'est parce qu'en les étudiant, on retrouve des forces imaginantes toutes naturelles...

Plus encore que les pensées claires et les images conscientes, les rêves sont sous la dépendance des quatre éléments fondamentaux... Si l'on admet qu'à une erreur biologique sans doute manifeste mais bien générale peut correspondre une vérité onirique profonde, on est prêt à interpréter les songes *matériellement*. A côté de la psychanalyse des rêves devra donc figurer une psychophysique et une psychochimie des rêves. (*L'Eau et les Rêves*, p. 12-14.)

DENSITÉ ONTOLOGIQUE DE LA CONSCIENCE

Pour nous, toute prise de conscience est un accroissement de conscience, une augmentation de lumière, un renforcement de la cohérence psychique. Sa rapidité ou son instantanéité peuvent nous masquer la croissance. Mais il y a croissance d'être dans toute prise de conscience. La conscience est contemporaine d'un devenir psychique vigoureux, un devenir qui propage sa vigueur dans tout le psychisme. La conscience, à elle seule, est un acte, l'acte humain. C'est un acte vif, un acte plein. Même si l'action qui suit, qui devait suivre, qui aurait dû suivre, reste suspendue, l'acte conscientiel a sa pleine positivité... Augmenter le langage, créer du langage, valoriser le langage, aimer le langage, voilà autant d'activités où s'augmente la conscience de parler... Une conscience qui diminue, une conscience qui s'endort, une conscience qui *rêvasse* n'est déjà plus une conscience. (*La Poétique de la rêverie*, p. 5.)

COGITO PONDÉRAL

La méditation active, l'action méditée est nécessairement un travail de la matière imaginaire de notre être. La conscience d'être une force met notre être au creuset. Dans ce creuset, nous sommes une substance qui se cristallise ou qui se sublime, qui tombe ou qui monte, qui s'enrichit ou qui s'allège, qui se recueille ou qui s'exalte. Avec un peu d'attention à la substance de notre être méditant, nous trouverons ainsi deux directions du cogito dynamique suivant que notre être cherche la richesse ou qu'il cherche la liberté. Toute valorisation devra tenir compte de cette dialectique. Nous avons d'abord besoin de donner une valeur à notre être pour estimer la valeur des autres êtres. Et c'est en cela que l'image du peseur est si importante dans la philosophie de Nietzsche. Le je *pense* donc je *pèse* n'est pas pour rien lié à une profonde étymologie. Le *cogito* pondéral est le premier des *cogito* dynamiques. C'est dans cette estimation imaginée de notre être que se trouvent les premières images de la valeur... (*L'Air et les Songes*, p. 295.)

Lettre à Jean Follain au sujet de
Les Choses données,

UNIVERSITÉ DE PARIS

INSTITUT D'HISTOIRE
DES SCIENCES
ET DES TECHNIQUES

13, RUE DU FOUR 13
PARIS VI°

LE DIRECTEUR,

2, rue de la Montagne Ste Geneviève, 2
PARIS-V°

LE 8 Juillet 1952

Cher Monsieur,

Moi aussi je serai heureux de vous revoir. Je suis encore pour quelques jours à Paris et si vous passiez un de ces matins vers onze heures Place Maubert monter mon escalier. De toute façon vers la mi-octobre je serai de retour et comme de coutume, sans rendez-vous, tous les poètes viennent me voir à 18 heures.

Vous savez mon attachement pour les grandes choses simples. Et vos poèmes sont vraiment des « choses données », les choses mêmes qui apparaissent comme des dons absolus.

"Une renoncule âcre appelée
bouton d'or...

m'a rendu tout un ruisseau et
l'odeur contrastée d'une grande
prairie.

Vous connaissez les odeurs
du ravin, vous rendez à l'immense
ses valeurs de rusticité. Une
amitié qui tombe vous savez
que c'est un conflit de
classes, un drame humain. Et
que ce soit un poète qui sente
tout cela, voilà qui redonne
confiance en la noblesse du
cœur humain

Merci pour l'envoi de
vos poèmes.

Bien cordialement à vous

Bachelard

Sans l'aide des poètes, que pourrait faire un philosophe chargé d'ans qui s'obstine à parler de l'imagination ? Il n'a personne à tester. Il se perdrait tout de suite dans le labyrinthe des tests et contre-tests... Les poètes toujours imagineront plus vite que ceux qui les regardent imaginer...

Comment entrer dans la poético-sphère de notre temps ? Une ère d'imagination libre vient de s'ouvrir. De toute part, les images envahissent les airs, vont d'un monde à l'autre, appellent et l'oreille et les yeux à des rêves agrandis. Les poètes abondent, les grands et les petits, les célèbres et les obscurs, ceux qu'on aime et ceux qui éblouissent. Qui vit pour la poésie doit tout lire. Que de fois, d'une simple brochure, a jailli pour moi la lumière d'une image neuve ! Quand on accepte d'être animé par des images nouvelles, on découvre des irisations dans les images des vieux livres. Les âges poétiques s'unissent dans une mémoire vivante. Le nouvel âge réveille l'ancien. L'ancien âge vient revivre dans le nouveau. Jamais la poésie n'est aussi une que lorsqu'elle se diversifie.

Quels bienfaits nous apportent les nouveaux livres ! Je voudrais que chaque jour me tombent du ciel à pleine corbeille les livres qui disent la jeunesse des images. Ce vœu est naturel. Ce prodige est facile. Car là-haut, au ciel, le paradis n'est-il pas une immense bibliothèque ?

Aussi, dès le matin, devant les livres accumulés sur ma table, au dieu de la lecture, je fais ma prière de lecteur dévorant :

« Donnez-nous aujourd'hui notre faim quotidienne... » (*La Poétique de la rêverie*, p. 23.)

Je reçois toujours un petit choc, une petite souffrance de langage quand un grand écrivain prend un mot dans un sens péjoratif. D'abord les mots, tous les mots font honnêtement leur métier dans le langage de la vie quotidienne. Ensuite les mots les plus usuels, les mots attachés aux réalités les plus communes ne perdent pas pour cela leurs possibilités poétiques. Quand Bergson parle d'un tiroir, quel dédain! Le mot vient toujours comme une métaphore polémique. Il commande et il juge, il juge toujours de la même façon. Le philosophe n'aime pas les arguments en tiroirs... Chez Bergson, les métaphores sont surabondantes, et, tout compte fait, les images sont très rares. Il semble que l'imagination soit pour lui toute métaphorique. La métaphore vient donner un corps concret à une impression difficile à exprimer. La métaphore est relative à un être psychique différent d'elle...

Est-il un seul rêveur de mots qui ne résonnera pas au mot *armoire?* Armoire, un des grands mots de la langue française, à la fois majestueux et familier. Quel beau et grand volume de souffle! Comme il ouvre le souffle, avec l'*a* de sa première syllabe, et comme il le ferme doucement, lentement en sa syllabe qui expire. On n'est jamais pressé quand on donne aux mots leur être poétique. (*La Poétique de l'espace*, p. 79.)

La pêche est ronde. Les objets du bonheur sont ronds. Le bonheur arrondit tout ce qu'il pénètre. Mais bien entendu la rondeur de la pêche est une rondeur pleine, concrète, intime. Elle n'est pas la simple réalisation de quelque forme platonicienne dans une géométrie des idées : la boule de la pêche ne sera jamais une sphère. La perfection vient de ses irrégularités : « La pêche est irrégulière comme la chair et comme elle indocile à toute synthèse géométrique » (p. 24). Elle est – peut-être un peu vite dans les images qui tentent notre écrivain – une joue, un sein. Il faut franchir tant d'obstacles pour aller de la joue au sein! Pour moi, je distends ces images pour aller plus lentement jusqu'au plaisir suprême que nous indique Jacques Brosse, « plaisir aigu et décisif », celui d'y mordre. (Préface à *l'Ordre des choses*, de Jacques Brosse, p. VIII-IX.)

Par un caprice singulier
J'avais banni de ces spectacles
Le végétal irrégulier.

Charles BAUDELAIRE.

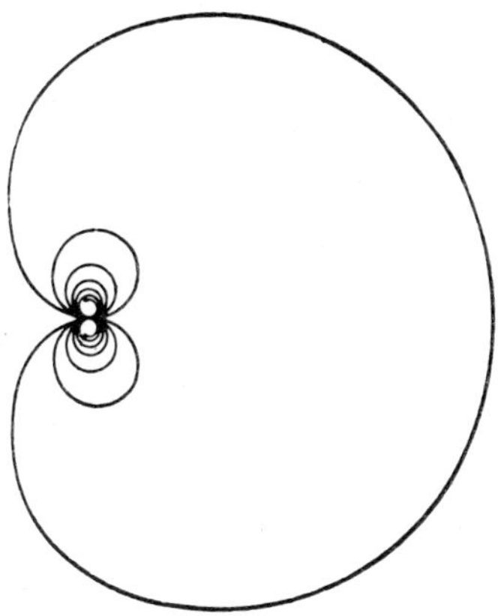

F. Le Lionnais, La Beauté en mathématiques.

Cochléoïde : $\rho = a \dfrac{\sin \theta}{\theta}$

René Magritte, La Grande Famille, 1963.

Si l'on veut bien accepter de vivre par l'imagination, pour l'imagination, avec Éluard, ces heures de *vision pure* devant le bleu tendre et fin d'un ciel *d'où sont bannis les objets*, on comprendra que l'imagination de type aérien offre un domaine où les valeurs de rêve et de représentation sont échangeables dans leur minimum de réalité. Les autres matières durcissent les objets. Aussi, dans le domaine de l'air bleu plus qu'ailleurs, on sent que le monde est perméable à la rêverie la plus indéterminée. C'est alors que la rêverie a vraiment de la profondeur. Le ciel bleu se creuse sous le rêve. Le rêve échappe à l'image plane. Bientôt, d'une manière paradoxale, le rêve aérien n'a plus que la dimension profonde. Les deux autres dimensions où s'amuse la rêverie pittoresque, la rêverie peinte, perdent de leur intérêt onirique. Le monde est alors vraiment de l'autre côté de la glace sans tain. Il y a un au-delà imaginaire, un au-delà pur, sans en deçà. D'abord il n'y a *rien*, puis il y a un rien *profond*, ensuite il y a une *profondeur* bleue. (*L'Air et les Songes*, p. 193-194.)

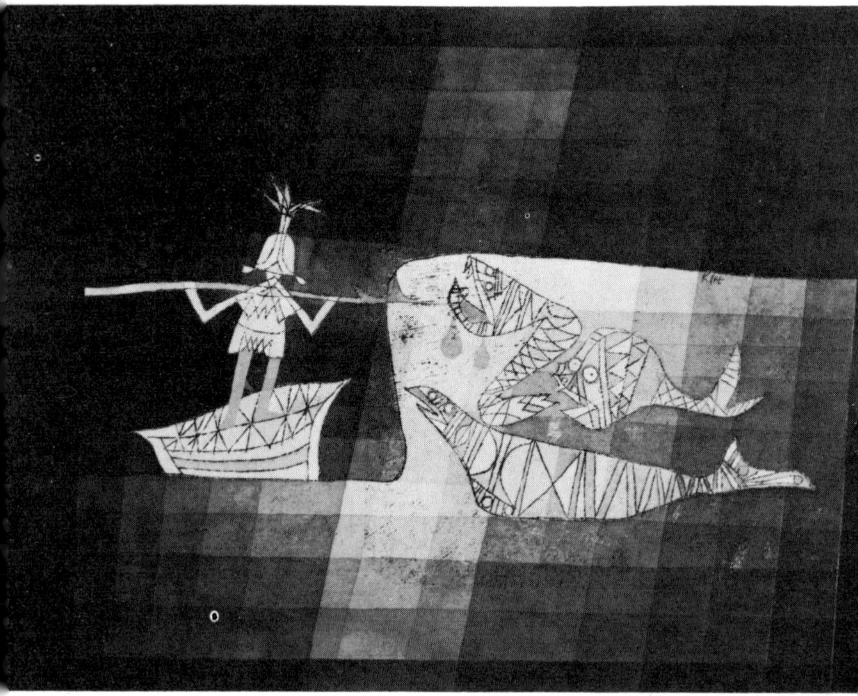

Paul Klee, Scène de bataille du frontispice de Simbad le Marin.

« Mais un cri trop vif suffit pour détourner des rêves. Un effroi est sensible soudain. Dans ma mémoire, je ne sais pourquoi, revit un poème de Supervielle :

Cimetière aérien, céleste poussière...

Je le traduis, de toute mon âme, dans l'image auditive de ma nuit. Il est aérien et mouvant, ce noir cimetière. Dans l'air noir, remplissant l'inhumain firmament

Lorsque le vent vient du ciel
J'entends le piétinement
De la vie et de la mort qui troquent leurs prisonniers
Dans les carrefours errants.

Qu'importent alors les brises qui soufflent dans cet automne prolongé. Qu'importent les mille messages d'une nature en fête, le bel exemple des fruits lourds, des fleurs tardives. Pour moi, cette nuit-ci est vide et muette. J'ai perdu la patrie du bonheur. Je ne suis plus qu'une solitude à guérir. »

Quand l'insomnie, mal des philosophes, s'accroît de l'énervement dû aux bruits de la ville, quand, place Maubert, tard dans la nuit, les automobiles ronflent, que le roulement des camions me fait maudire ma destinée de citadin, je trouve un apaisement à vivre les métaphores de l'océan. On sait bien que la ville est une mer bruyante, on a dit bien des fois que Paris fait entendre, au centre de la nuit, le murmure incessant du flot et des marées. De ces poncifs, je fais alors une image sincère, une image qui est mienne, aussi mienne que si je l'inventais moi-même, suivant ma douce manie de croire être toujours le sujet de ce que je pense. Si le roulement des voitures devient plus douloureux, je m'ingénie à y retrouver la voix du tonnerre, d'un tonnerre qui me parle, qui me gronde. Et j'ai pitié de moi-même. Te voilà donc, pauvre philosophe, à nouveau dans la tempête, dans les tempêtes de la vie! Je fais de la rêverie abstraite-concrète. Mon divan est une barque perdue sur les flots ; ce sifflement subit, c'est le vent dans les voiles. L'air en furie klaxonne de toute part. Et je me parle pour me réconforter : vois, ton esquif reste solide, tu es en sûreté dans ton bateau de pierre. Dors malgré la tempête. Dors dans la tempête. Dors dans ton courage, heureux d'être un homme assailli par les flots. (*La Poétique de la rêverie*, p. 43.)

Atelier G. de La Tour, Ermite priant dans une grotte, coll. particulière.

Un homme solitaire, dans la gloire d'être seul, croit parfois pouvoir dire ce qu'est la solitude. Mais à chacun sa solitude... Pour moi, tout à la communion avec les images qui me sont offertes par les poètes, tout à la communion de la solitude des autres, je me fais seul avec les solitudes des autres... Le rêveur est à sa table ; il est en sa mansarde ; il allume sa lampe. Il allume une chandelle. Il allume sa bougie. Alors je me souviens, alors je me retrouve : je suis le veilleur qu'il est... Seul, la nuit, avec un livre éclairé par une chandelle – livre et chandelle, double îlot de lumière, contre les doubles ténèbres de l'esprit et de la nuit.

J'étudie! Je ne suis que le sujet du verbe étudier.

Penser je n'ose.

Avant de penser, il faut étudier.

Seuls les philosophes pensent avant d'étudier.

Mais la chandelle s'éteindra avant que le livre difficile soit compris. Il faut ne rien perdre du temps de lumière de la chandelle, des grandes heures de la vie studieuse.

Si je lève les yeux du livre pour regarder la chandelle, au lieu d'étudier, je rêve.

Alors les heures ondulent dans la solitaire vallée. Les heures ondulent entre la responsabilité d'un savoir et la liberté des rêveries, cette trop facile liberté d'un homme solitaire. (*La Flamme d'une chandelle*, p. 53-55.)

José Corti, Rêves d'encre.

Nous voici donc devant le monde immédiat de l'encre. C'est tout naturellement le monde minéral, le minerai retrouvé. Jamais la forme ne peut être plus proche de la matière que dans la beauté minérale. La beauté des durs minerais produit ici, sous nos yeux, la beauté de leurs minérales coquilles. A quoi pourrait donc servir la mollesse, les chairs, les lymphes qui chez les invertébrés amassent, à petites journées, de grossières cuirasses ? Le monde minéral fait directement son travail, sa rose des sables, ses sombres basaltes. L'encre circule comme un sang noir et la plume ou le pinceau ou quelque instrument de sortilège, en rêvant, suivent la fibre, la pointe. Au sein de l'encre, la pierre recommence à germer. (Présentation de vingt-cinq images de José Corti, dans *Rêves d'encre*, in *le Droit de rêver*, p. 60-61.)

Albert Flocon,
Châteaux en Espagne.

« Le nœud mérite qu'on en détermine les liaisons inconscientes tout à l'envers des efforts du topologiste qui en étudie la connexion. Descartes a passé des heures de songes mathématiques sur les problèmes des filets et des nœuds.
Quant au coup d'épée d'un brutal sur le savant nœud gordien, voilà bien la démission du rêve et la démission de la pensée. »

J'aime la gravure en soi, la gravure autonome, la gravure qui primitivement n'illustre rien, celle que j'appelle, dans ma rumination de philosophe, la gravure auto-eidétique. Elle est pour moi l'idéal du conte sans paroles, du conte condensé. Et c'est parce que la gravure ne conte rien qu'elle vous oblige, vous, spectateur méditant, à parler.

Que d'histoires je me suis racontées durant tout cet hiver où, semaine après semaine, Albert Flocon m'apportait les pages détachées de son album! Les actions conteuses de la gravure auto-eidétique – pourquoi ne l'appellerais-je pas aussi auto-mythique – je ne les dirai pas toutes... De Flocon à moi, pas de discours. Il n'est pas de ces poètes qui vous déclament leurs vers! Il sait que l'œuvre d'art doit traverser une zone de silence et attendre l'heure de la contemplation solitaire. D'un autre côté, pour un philosophe dont le métier n'est pas de voir, comment bien regarder sans se cacher pour regarder? Poussin n'aimait pas qu'on le regardât peindre. Pourquoi un modeste philosophe n'avouerait-il pas qu'il n'aime pas qu'on le regarde regarder?... On se ferait gloire de découvrir un sens *caché*. Mais ici, tout est simple, tout est net, tout est *gravé*. Flocon sait d'instinct la merveilleuse *pluralité du simple*. Ce qui m'étonne souvent dans ces planches, c'est quelle invraisemblable longueur peut être donnée à une petite longueur. (*Châteaux en Espagne*, p. 9.)

... La bouteille, on le sait, est facilement conteuse, elle redit les souvenirs des vins du vieux pays, l'enfantine lourdeur des liqueurs d'autrefois. On la dit pleine de songes, suscitant des palais enchantés, ouvrant les portes des paradis artificiels. Mais tout cela est pour Flocon de vaines fantasmagories, tout cela appartient au passé de la rêverie oisive. Flocon veut savoir ce qu'est la bouteille en soi. Flocon s'enchante devant la bouteille vide... Flocon place la bouteille sur une haute terrasse, devant la mer. La bouteille vide doit parler avec les flots. Elle est un centre de rumeur qui doit faire écho à la mer agitée. C'est elle, paradoxe audacieux, qui a la charge de la verticalité en face des ondulations de l'horizon marin. Elle est promue au rang de centre de l'univers, elle a la dignité, la majesté d'une verticalité cosmique... Tout objet qui fait face à un univers en entreprend la saisie, la conquête.

D'abord la bouteille a capté le soleil... Elle est un globe de feu, cette bouteille vide, et les nuages au ciel ne sont plus que la pénombre de son ombre... La bouteille cosmique, la bouteille brillante a gagné la vision, elle voit loin... Le graveur anime son objet, il emplit l'espace qu'il avait délimité. Tout s'allonge pour obéir à la verticalité de l'être droit... La bouteille invite à dessiner l'ogive. Le goulot est ouvert pour que la flèche s'y dresse... Les arcs-boutants, ces conseillers de la prudence terrestre, elle les tire vers le ciel. Ils tiendront debout par le jet de leur folle imprudence. La cathédrale par son élan se loge dans la prison de verre. (*Châteaux en Espagne*, p. 18-20.)

Albert Flocon,
Châteaux en Espagne.

Le monde travaille. Dans l'imagination du graveur travailleur, tout ce qui a forme a force, tout ce qui a la forme d'une main prend une valeur d'outil. Voyez cette souche, cette branche aux cinq rameaux. Elle part comme un maigre poignet, elle va malgré la rouille de ses articulations se créer des doigts ; elle devient une main parce qu'à terre il y a un dallage qu'il faut achever. Alors le lichen qui parasitait l'arbre tombera du poids dès que la branche deviendra un grattoir, un fouloir, une lame.

Et tout s'anime quand le travail ranime le bois mort. Au loin, le vent courbe l'arbre vivant, le vent emporte au ciel une feuille inutile. En la suivant, on serait bientôt dans les nuages, on aurait des rêves aériens de la feuille vivante dans le ciel bleu, mais le travail réel ne connaît que des volontés terrestres. Le dallage est là que vérifie la main vigilante et vigoureuse. La main dure comme bois d'un vieux travailleur, la main veinée d'énergie retrouve vie et raison en une géométrique adresse.

L'univers de Flocon est le Cosmos du travail. (*Châteaux en Espagne*, p. 49.)

Albert Flocon,
Châteaux en Espagne.

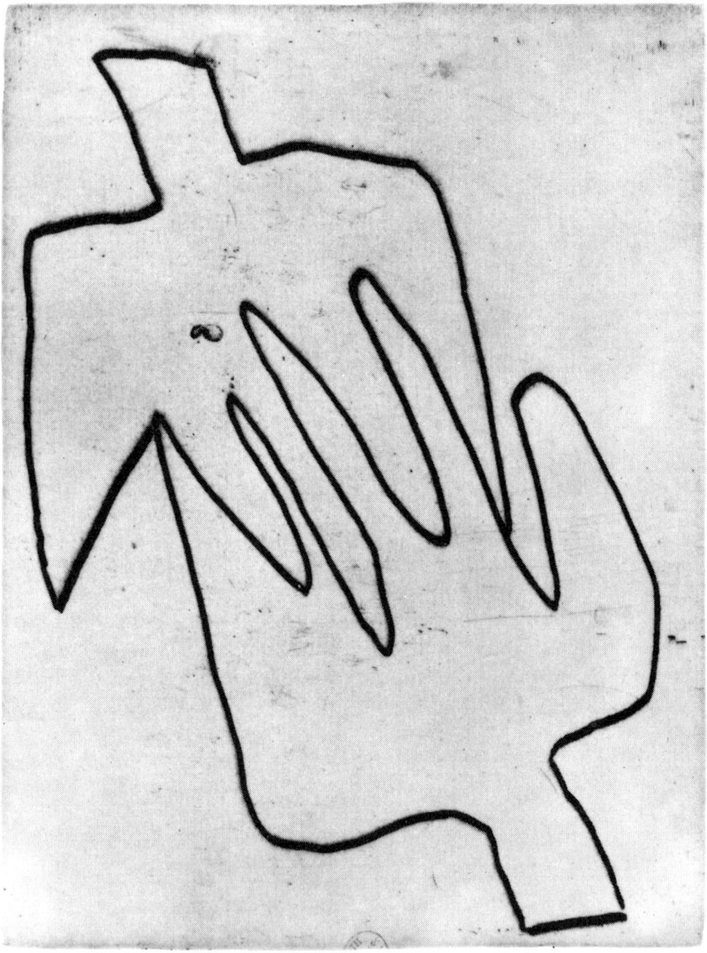

Roger Chastel, La Messagère, A la gloire de la main.

Pour le graveur, la matière existe. Et la matière existe tout de suite sous sa main œuvrante. Elle est pierre, ardoise, bois, cuivre, zinc. Le papier lui-même, avec son grain, sa fibre, provoque la main rêveuse pour une rivalité de délicatesse. La matière est ainsi le premier adversaire des poètes de la main. Elle a toutes les multiplicités du monde hostile, du monde à dominer. Le graveur véritable commence son œuvre dans une rêverie de la volonté. C'est un travailleur, c'est un artisan. Il a toute la gloire de l'ouvrier... Cette conscience de la main au travail renaît en nous dans une participation au métier de graveur. La gravure ne se contemple pas, elle se réagit, elle nous apporte des *images de réveil*... Tous les rêves dynamiques, des plus violents aux plus insidieux, du sillon métallique aux traits les plus fins, vivent dans la main humaine, synthèse de la force et de l'adresse... (*A la gloire de la main*, in *le Droit de rêver*, p. 67-69.)

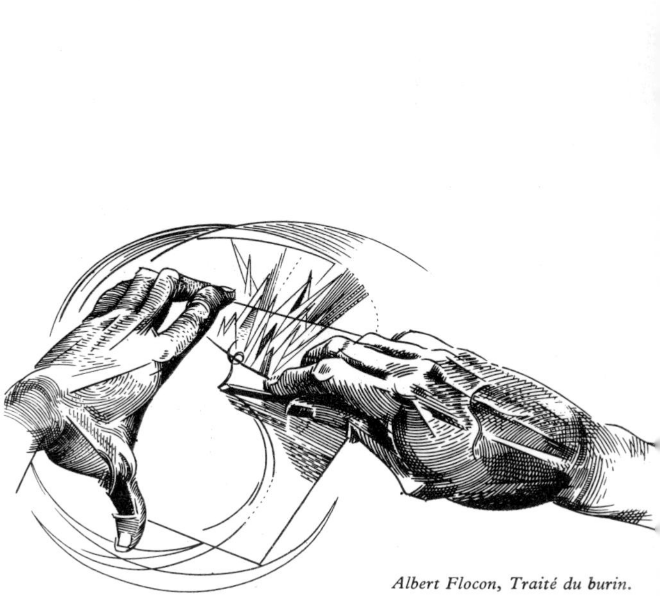

Albert Flocon, Traité du burin.

Illustration de Mario Prassinos pour
Les Aventures de Gordon Pym d'A. E. Poe, Stock, 1944.

Dès qu'on rend à la psychologie dynamique son juste rôle, dès qu'on commence à distinguer toutes les matières suivant le travail humain qu'elles provoquent ou qu'elles exigent, on ne tarde pas à comprendre que la réalité ne peut être vraiment constituée aux yeux de l'homme que lorsque l'activité humaine est suffisamment offensive, est intelligemment offensive. Alors tous les objets du monde reçoivent leur juste coefficient d'adversité. Ces nuances activistes ne nous paraissent pas avoir été suffisamment exprimées par l' « intentionnalité phénoménologique ». Les exemples des phénoménologistes ne mettent pas assez en évidence les degrés de tension de l'intentionnalité ; ils restent trop « formels », trop intellectuels... Il faut à la fois une intention formelle, une intention dynamique et une intention matérielle pour comprendre l'objet dans sa force, dans sa résistance, dans sa matière, c'est-à-dire totalement. Le monde est aussi bien le miroir de notre ère que la réaction de nos forces. Si le monde est ma volonté, il est aussi mon adversaire. Plus grande est la volonté, plus grand est l'adversaire. Pour bien comprendre la philosophie de Schopenhauer, il faut garder à la volonté humaine son caractère initial. Dans la bataille de l'homme et du monde, ce n'est pas le monde qui commence. Nous achèverons donc la leçon de Schopenhauer, nous additionnerons vraiment la représentation intelligente et la volonté claire du *Monde comme volonté et représentation*, en énonçant la formule : Le monde est ma provocation. (*L'Eau et les Rêves*, p. 213.)

« De gigantesques troncs d'arbres grisâtres, sans feuilles, se dressaient, comme une procession sans fin... Leurs racines étaient noyées dans d'immenses marécages dont les eaux s'étalaient au loin, affreusement noires, sinistres et terribles dans leur immobilité. » Quelle force ce fantasme devait avoir dans l'imagination de Poe pour qu'il apparaisse dans un roman de la mer! Revivons ce fantasme : c'est l'arbre de l'eau, la trombe mouvante, lente, tordue. Elle travaille l'intérieur du marécage, l'intérieur de la mer ; ses racines ont des mouvements reptiliens, elles ne tiennent rien, elles sont fuyantes. Pour Poe, les arbres marchent, les arbres glissent.

Le déterminisme est une notion qui signe la *prise humaine* sur la nature. Le grand facteur déterminant est le facteur humain, le facteur humain de la science humaine... La notion de *cause naturelle* n'est pas une notion de prise aussi directe qu'on le dit communément. En fait, même si elle est consacrée objectivement, la notion de cause, dans la primitivité de la conviction qu'elle entraîne, implique un *je* pensant et actif, un *je* qui affirme une pensée, comme un substitut d'une action, un *je* qui ait réuni, par la pensée, les éléments fondamentaux qui constituent une cause et qui s'en sert comme un démiurge. Voilà pour le plan naïf. Mais sur le plan scientifique, la détermination d'une cause réclame un sujet qui s'instruit, qui veut s'instruire, un sujet en voie de rationalité. Il y a donc à considérer une technique intime de l'élaboration causale... L'homme pour comprendre l'univers crée au besoin les dieux chargés du mécanisme universel. Il existe un impérialisme de la causalité, ou bien, comme c'est le cas pour tout impérialisme, une fiction d'impérialisme. Connaître une cause naturelle, c'est s'imaginer souverain d'un univers. D'où ces formules célèbres par leur orgueilleuse modestie : *savoir pour pouvoir*. (*L'Activité rationaliste de la physique contemporaine*, p. 218.)

Si le réel immédiat est un simple prétexte de pensée scientifique et non plus un objet de connaissance, il faudra passer du *comment* de la description au *commentaire* théorique. Cette explication prolixe étonne le philosophe qui voudrait toujours qu'une explication se borne à déplier le complexe, à montrer le simple dans le composé. Or la véritable pensée scientifique est métaphysiquement inductive... elle lit le complexe dans le simple, elle dit la loi à propos du fait, la règle à propos de l'exemple... Nous mettrons en évidence une sorte de généralisation polémique qui fait passer la raison du *pourquoi* au *pourquoi pas*. Nous ferons place à la paralogie à côté de l'analogie et nous montrerons qu'à l'ancienne philosophie du *comme si* succède, en philosophie scientifique, la philosophie du *pourquoi pas*. Comme le dit Nietzsche : tout ce qui est décisif ne naît que *malgré*. C'est aussi vrai dans le monde de la pensée que dans le monde de l'action. Toute vérité nouvelle naît malgré l'expérience immédiate. (*Le Nouvel Esprit scientifique*, p. 6-7.)

C'est seulement après avoir recueilli l'album des profils épistémologiques de toutes les notions de base qu'on pourrait vraiment étudier l'efficacité relative des diverses philosophies. De tels albums, nécessairement individuels, serviraient de tests pour la psychologie de l'esprit scientifique. Nous suggérerions donc volontiers une *analyse philosophique spectrale* qui déterminerait avec précision comment les diverses philosophies réagissent au niveau d'une connaissance objective particulière. Cette analyse philosophique spectrale aurait besoin, pour être développée, de psychologues qui fussent des philosophes et aussi de philosophes qui consentiraient à s'occuper d'une connaissance objective particulière... A n'importe quelle attitude philosophique générale, on peut opposer, comme objection, une notion particulière dont le profil épistémologique révèle un pluralisme philosophique. Une seule philosophie est donc insuffisante pour rendre compte d'une connaissance un peu précise. Si l'on veut bien dès lors poser exactement la même question à propos d'une même connaissance à différents esprits, on verra s'augmenter étrangement le pluralisme philosophique de la notion... Chaque philosophie ne donne qu'une bande du spectre notionnel et il est nécessaire de grouper toutes les philosophies pour avoir le spectre notionnel complet d'une connaissance particulière. (*La Philosophie du non*, p. 47-49.)

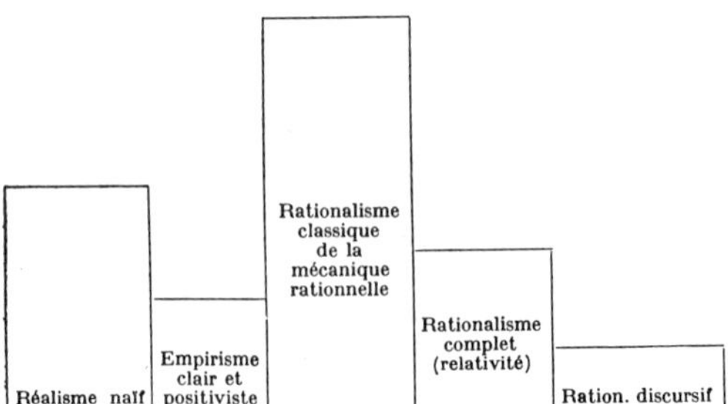

Profil épistémologique de notre notion personnelle d'énergie

La vocation scientifique moderne doit répondre de son efficacité. Elle s'engage dans un travail qui continue des travaux antécédents et qui est appelé à rendre service à d'autres travailleurs. Bref la science continue la science dans le temps même où elle se rénove. Cette notion de *science continuée* s'oppose à la notion de *philosophie première*. Les philosophes, ces Chevaliers de la Table Rase, se font mérite de tout recommencer, de s'affirmer par un commencement absolu. C'est pourquoi leur vocation reste à bien des égards une vocation de solitude. Et souvent c'est de leur poste solitaire qu'ils croient pouvoir contempler le développement du savoir scientifique. Qu'on ne s'étonne pas s'ils peuvent déclarer *extérieur à l'esprit* ce qui est pourtant une des *grandes voies de l'esprit*. Qu'on ne s'étonne pas de les voir méconnaître les formes de transformation de l'esprit si évidemment actives dans le développement de la science. Ces philosophes qui ont la vocation de l'immobilité ne peuvent que rester étrangers à cette soudaine jeunesse de pensée et d'action qui caractérise notre temps. Sans doute, à mesure que la puissance de l'homme s'accroît, la gravité de son destin augmente. L'homme lutte contre des forces accrues. Il appelle dans son drame des forces inconnues. Seule une sagesse dynamique, la sagesse nécessaire en éveil devant un univers nouveau, peut être une force opérante, capable de faire face à un nouvel inconnu. (« la Vocation scientifique et l'Âme humaine », in *l'Homme devant la science*, p. 27-28.)

La science, dans son besoin d'achèvement comme dans son principe, s'oppose absolument à l'opinion. S'il lui arrive, sur un point particulier, de légitimer l'opinion, c'est pour d'autres raisons que celles qui fondent l'opinion ; de sorte que l'opinion a, en droit, toujours tort. L'opinion *pense* mal ; elle ne *pense* pas : elle *traduit* des besoins en connaissances. En désignant les objets par leur utilité, elle s'interdit de les connaître. On ne peut rien fonder sur l'opinion : il faut d'abord la détruire. Elle est le premier obstacle à surmonter. Il ne suffirait pas, par exemple, de la rectifier sur des points particuliers, en maintenant comme une sorte de morale provisoire, une connaissance vulgaire provisoire. L'esprit scientifique nous interdit d'avoir une opinion sur des questions que nous ne comprenons pas, sur des questions que nous ne savons pas formuler clairement. Avant tout, il faut savoir poser des problèmes. Et quoi qu'on dise, dans la vie scientifique, les problèmes ne se posent pas d'eux-mêmes. C'est précisément ce *sens du problème* qui donne la marque du véritable esprit scientifique. Pour un esprit scientifique, toute connaissance est une réponse à une question. S'il n'y a pas eu de question, il ne peut y avoir connaissance scientifique. Rien ne va de soi. Rien n'est donné. Tout est construit. (*La Formation de l'esprit scientifique*, p. 14.)

Certes, deux esprits peuvent se trouver unis dans une même erreur. Mais l'ombre qui augmente n'est pas simplement la dynamique inversée de la clarté qui naît. L'*erreur* descend vers les convictions tandis que la *vérité* monte vers les preuves... Si l'on pose le problème de l'erreur sur le plan des erreurs *scientifiques*, il apparaît très clairement, ou mieux, concrètement, qu'*erreur* et *vérité* ne sont pas symétriques, comme le donnerait à penser une philosophie purement logique et formelle. En sciences, les vérités se groupent en système, alors que les erreurs se perdent dans un magma informe. Autrement dit, les vérités se lient apodictiquement, tandis que les erreurs s'amassent assertoriquement. Dans la pensée scientifique de notre temps, la disproportion est évidente entre, d'une part, les vérités coordonnées rationnellement et codifiées dans des livres pourvus de la garantie de la cité scientifique et, d'autre part, quelques erreurs qui traînent dans quelques mauvais livres, le plus souvent marqués d'une originalité détestable. (*Le Rationalisme appliqué*, p. 58-59.)

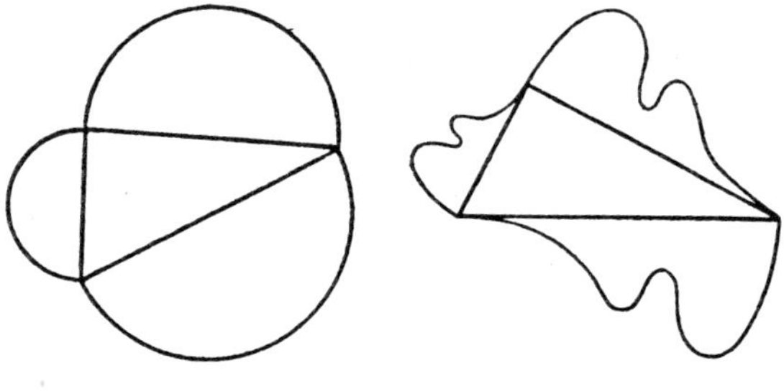

Cristaux de calcite.

« Devant ce merveilleux objet qui est la cause occasionnelle d'une si libre activité imaginaire, nous apprendrons alternativement à briller et à durcir, dégageant toutes les puissances de la clarté pure et solide. Nous verrons se réunir, dans une synthèse extraordinaire, les images de la terre profonde et les images du ciel étoilé ; nous trouverons l'étonnante unité de la *rêverie constellante* et de la *rêverie cristalline.* »

C'est en acceptant dès l'infiniment petit les caractères les plus empiriques et les plus nombreux, les plus généraux, qu'on atteindra à l'explication la plus ample. Si l'on admet que l'intelligibilité en soi n'a pas de sens, mais qu'on ne peut parler que d'une intelligibilité en fonction d'un domaine d'explication, à l'égard d'un matériel admis une fois pour toutes, on comprendra l'intérêt qu'il y a à partir d'un système d'éléments assez riches pour réserver un maximum de possibilité... C'est dès le premier abord que le schéma doit s'adapter aux milieux différenciés tels que la réalité nous les offre. Ces recherches en milieux homogènes ou plutôt en milieux compensés peuvent paraître d'une clarté plus évidente ; elles se développent cependant, physiquement parlant, sur un plan nettement factice. L'homogénéité du milieu est déjà dérangée par l'agent qui s'y propage. Elle ne peut donc être posée que par un cercle vicieux ; du même, l'autre ne peut surgir. Pour maintenir cette homogénéité, il faut étouffer des variations. On doit donc attaquer l'énigme où elle réside : dans l'infiniment petit. La nature fait le cristal, elle organise le phénomène infinitésimal, elle fixe la différentielle de la propagation, liant ainsi l'élément de temps à l'élément de matière. Elle laisse ensuite au hasard la charge de faire un univers. (*Étude de l'évolution d'un problème de physique : la propagation thermique dans les solides*, p. 177-178.)

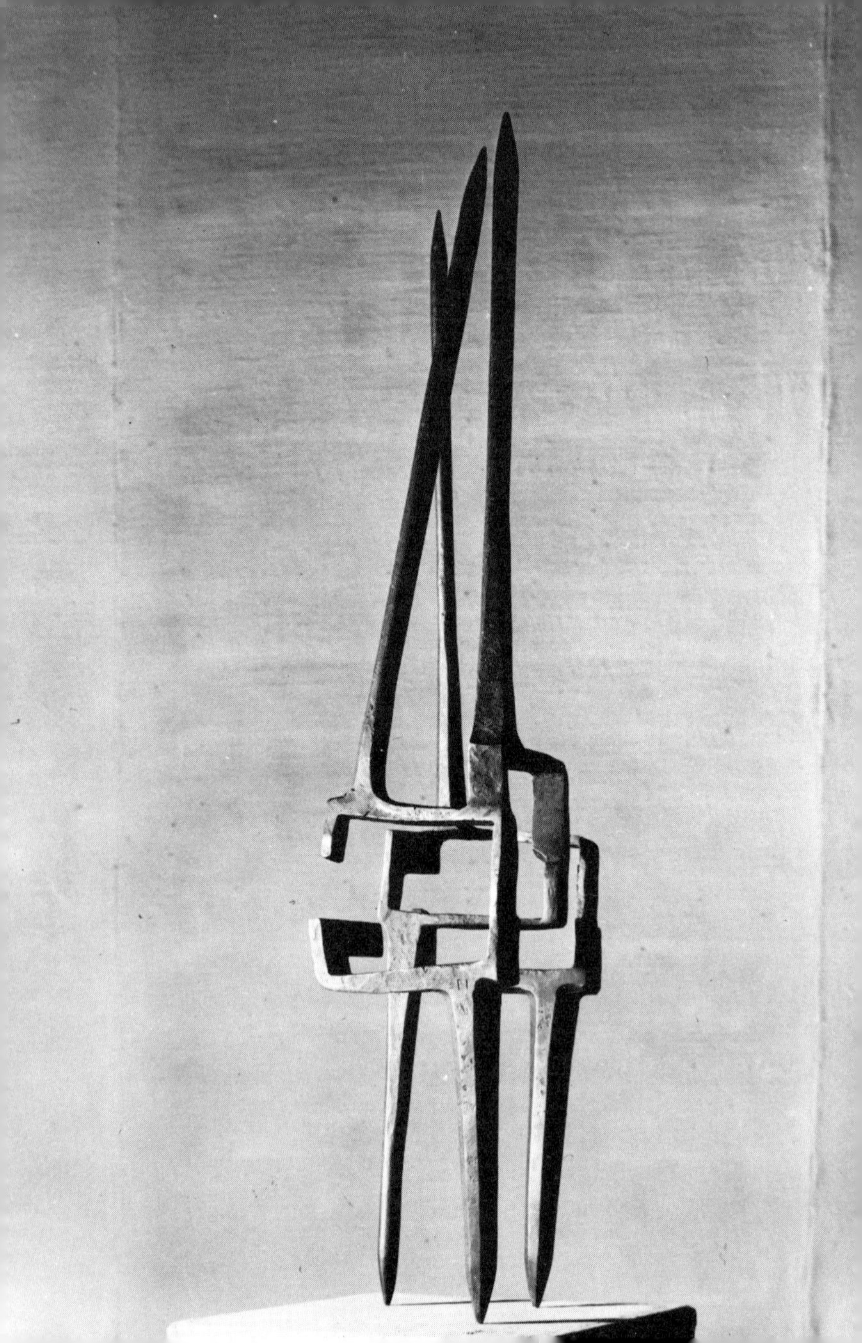

Il est d'abord un fait patent : la spécialisation de la pensée scientifique a une récurrence si profonde vers le passé du savoir qu'elle retrouve toute l'efficacité des pensées générales et qu'elle stimule les spécialisations parallèles. En somme la spécialité actualise une généralité et prépare les dialectiques. Elle donne de la généralité une preuve précise, une vérification détaillée... Tout outil spécial, si élémentaire qu'il soit, rectifie déjà une ustensilité trop vague, une ustensilité trop près d'un besoin primitif et qui est facilement dénoncée par l'existentialisme. Certes on peut se servir de n'importe quel corps solide pour faire une action de levier, et pour donner à bon compte une satisfaction à la volonté de puissance. Mais on réalise mieux cette action de levier, et déjà on la *comprend* si l'on prend une barre de fer. On a spécialisé un outil... Une spécialisation est un gage de culture profonde. Et c'est une culture qui veut un avenir, qui possède, outre son acquis, une problématique. Une culture scientifique sans spécialisation serait un outil sans pointe, un ciseau au tranchant émoussé.

La spécialisation scientifique détermine un attachement de la pensée subjective à une tâche, non pas toujours la même, mais qui veut toujours se renouveler. Cet *attachement* est la condition d'un vigoureux *engagement* d'un esprit dans un domaine de recherche... La culture générale telle que la prônent les philosophes reste souvent une culture inchoative. (*L'Activité rationaliste de la physique contemporaine*, p. 12-13.)

« Ainsi, avec l'œuvre du fer esthétisé, en face d'un cosmos métallique, il faut non pas seulement contempler, il faut participer au devenir ardent d'une violence créatrice. L'espace de l'œuvre n'est pas seulement géométrisé. Il est ici dynamisé. Un grand songe rageur a été martelé... Très loin, dans un passé qui n'est pas le nôtre, vivent en nous les rêveries de la forge. Il est salutaire de les faire revivre. Quel conseil de forces, de jeunes forces, dans l'œuvre de Chillida! Quel appel à l'énergie matinale! Quel cosmos du matin vigoureux! Depuis que j'ai épinglé au coin de mes rayons de livres trois photographies des œuvres de Chillida, je me réveille mieux. Je suis tout de suite plus vif. Le travail me plaît. Et il m'arrive, vieux philosophe que je suis, de respirer comme un forgeron. »

Eduardo Chillida,
Éloge de l'air, fer, 1951.

Parmi les thèses philosophiques que nous livrait l'histoire, une, entre toutes, était tentante. Pour désigner les êtres mathématiques, il serait si facile d'être platonicien, d'être réaliste, de répéter les actes de foi du réalisme des essences. On s'opposerait ainsi – à bon compte – au nominalisme et au formalisme. La science, qui a repris de fond en comble la doctrine de ses commencements, aurait un but, aurait des buts, des buts nommément indiqués. La valeur des êtres contemplés dans un empyrée de clarté serait la garantie même de la valeur de la recherche scientifique. Il suffirait de travailler assez, de suivre minutieusement le déplié des approximations successives pour recevoir la pleine lumière. Combien est claire une telle philosophie! Elle n'a plus à s'embarrasser d'une définition de l'*exactitude*. Elle vise tranquillement l'*exactitude absolue*. Comment mettrait-elle en question l'*absolu de l'exactitude*?

Dans une telle attitude philosophique, le dogmatisme est homogène : l'exactitude n'a pas d'histoire.

Mais ces êtres absolus, pôle d'une exactitude absolue, la science, par une modification d'éclairage, les fait changer d'être. On les croyait des « buts », à peine conquis qu'ils deviennent des moyens. On se rend compte qu'on les cherchait mal, qu'on ne les plaçait pas dans le juste horizon du savoir, que leur connaissance réclame précisément une révision du savoir. (« l'Idonéisme ou l'Exactitude discursive », in *Études de philosophie des sciences*, p. 9.)

La vérification nous paraît, à tous les niveaux, l'instant décisif de la connaissance de la réalité. Ce n'est pas une référence tardive, surnuméraire, qui vient après coup consacrer une certitude ; elle est un élément de la représentation, c'en est même l'élément organique ou, si l'on veut, c'est par la vérification que la « présentation » devient une « représentation ». Le monde est « ma vérification », il est fait d'idées vérifiées, par opposition à l'esprit qui est fait d'idées essayées. Ou, pour parler autrement, notre seule définition possible du réel doit se faire dans le langage de la vérification. Sous cette forme, la définition du réel ne sera jamais parfaite, jamais achevée. Elle sera cependant d'autant meilleure que les vérifications seront plus diverses et plus minutieuses... Dans son premier temps, la vérification est purement qualitative. On doit reconnaître plutôt que connaître, retrouver un signe plutôt qu'analyser une signification. Or l'expérience peut sanctionner pleinement une connaissance qui reste sur le terrain qualitatif. La qualité n'est en somme qu'un point de vue tant qu'on n'a pas fait l'effort métaphorique qui la quantifie... Le sens commun peut rester sur ce terrain de la qualité pure. La quantification obéit presque toujours à une préoccupation spéculative... Dès l'instant où l'on engage la vérification sur le plan de la mesure, de la localisation exacte, on se condamne à une vérification approchée. Dès lors, validation et vérification cessent d'être synonymes. Notre connaissance est encore valable pour des buts spécifiés, mais elle ne peut plus être rigoureusement vérifiée. (*Essai sur la connaissance approchée*, p. 272-273.)

Le concept de limite de la connaissance scientifique a-t-il un sens absolu ? Est-il même possible de tracer les frontières de la pensée scientifique ? Sommes-nous vraiment enfermés dans un domaine objectivement clos ? Sommes-nous asservis à une raison immuable ? L'esprit est-il une sorte d'instrument organique, invariable comme la main, limité comme la vue ?... Si le concept de limite de la connaissance scientifique semble clair à première vue, c'est qu'on l'appuie de prime abord sur des affirmations réalistes élémentaires. Ainsi, pour limiter la portée des sciences naturelles, on objectera des impossibilités toutes matérielles, voire des impossibilités spatiales. On dira au savant : vous ne pourrez jamais atteindre les astres ! Vous ne pourrez jamais être sûr qu'un corpuscule indivisé est indivisible ! Cette limitation toute matérielle, toute géométrique, toute schématique, est à la source de la *clarté* du concept de frontière épistémologique... Or nous ne devons pas être dupes de la fausse clarté de cette position métaphysique. En fait, pour prouver que la connaissance scientifique est limitée, il ne suffit pas de montrer son incapacité à résoudre certains problèmes, à faire certaines expériences, à réaliser certains rêves humains. Il faudrait pouvoir circonscrire entièrement le champ de la connaissance, dessiner une limite *continue* infranchissable, marquer une frontière qui *touche* vraiment le domaine limité. Sans cette dernière précaution, on peut déjà dire que la question de frontière de la connaissance scientifique n'a aucun intérêt pour la science... Trop souvent l'énoncé d'une limitation implique une condamnation à échouer parce que le problème impossible impose déjà une méthode de résolution défectueuse. (« Concept de frontière », VIIIe Congrès international de philosophie, 1934.)

OBSTACLE ÉPISTÉMOLOGIQUE

La notion d'*obstacle épistémologique* peut être étudiée dans le développement historique de la pensée scientifique et dans la pratique de l'éducation. Dans l'un et l'autre cas, cette étude n'est pas commode. L'histoire, dans son principe, est en effet hostile à tout jugement normatif. Et cependant il faut bien se placer à un point de vue normatif si l'on veut juger de l'efficacité d'une pensée... L'épistémologue doit trier les documents recueillis par l'historien. Il doit les juger du point de vue de la raison, et même du point de vue de la raison évoluée, car c'est seulement de nos jours que nous pouvons pleinement juger les erreurs du passé spirituel... L'historien des sciences doit prendre les idées comme des faits. L'épistémologue doit prendre les faits comme des idées, en les insérant dans un système de pensées. Un fait mal interprété par une époque reste un *fait* pour l'historien. C'est, au gré de l'épistémologue, un *obstacle*, c'est une contre-pensée... L'épistémologue doit s'efforcer de saisir les concepts scientifiques dans des synthèses psychologiques effectives, c'est-à-dire dans des synthèses psychologiques progressives, en établissant, à propos de chaque notion, une échelle de concepts, en montrant comment un concept en a produit un autre, s'est lié avec un autre. Alors il aura quelque chance de mesurer une efficacité épistémologique. Aussitôt, la pensée scientifique apparaîtra comme une difficulté vaincue, comme un obstacle surmonté. (*La Formation de l'esprit scientifique*, p. 16-17.)

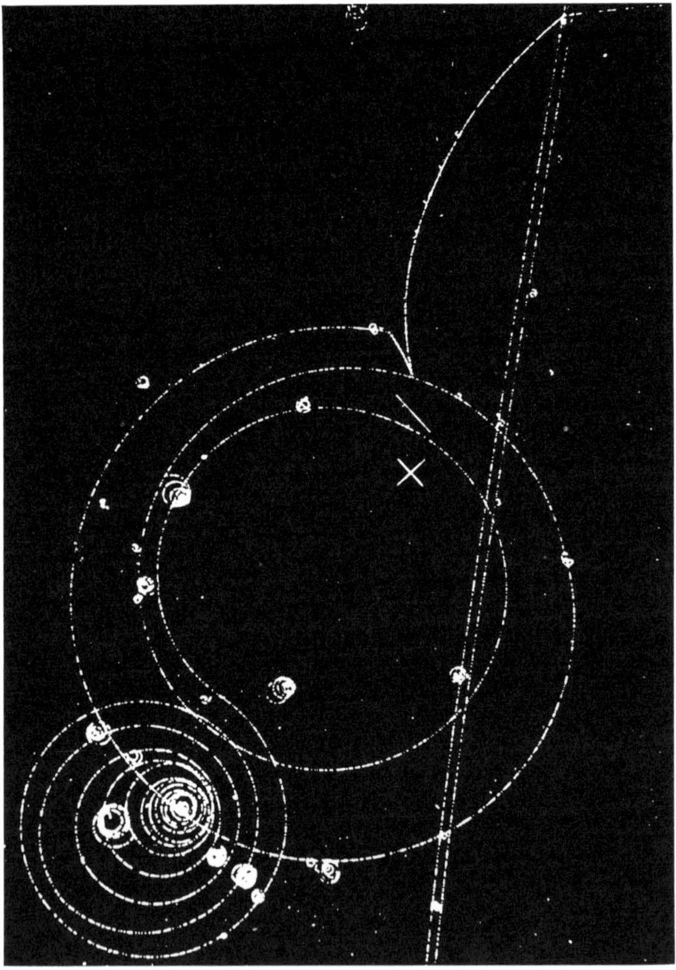

Création d'un méson Pi lent. Cliché Laboratoire de physique de l'École Polytechnique (Prof. Leprince-Ringuet), pris avec le synchrotron du C.E.R.N.

« Le secret de la matière, rendu visible par la chambre à bulles, révèle des projections, des tourbillons, des chocs de particules électriques. Ici dans un champ, semé des rotations spiralées de petits électrons, un méson Pi venu du haut s'arrête, se transforme, donne un électron positif qui tourbillonne à son tour, puis, par collision, devient un électron négatif épuisant son énergie dans un ultime mouvement giratoire » (René Huygue, *Forces et Formes*).

La rêverie anagogique, dans son élan scientifique actuel, est, d'après nous, essentiellement mathématisante. Elle aspire à plus de mathématique, à des fonctions mathématiques plus complexes, plus nombreuses. Quand on suit les efforts de la pensée contemporaine pour comprendre l'atome, on n'est pas loin de penser que le rôle fondamental de l'atome, c'est d'obliger les hommes à faire des mathématiques. De la mathématique avant toute chose... Et pour cela, préfère l'impair... Bref l'art poétique de la Physique se fait avec des nombres, avec des groupes, avec des spins, en excluant les distributions monotones, les quanta répétés, sans que rien de ce qui fonctionne ne soit arrêté. Quel poète viendra chanter ce panpythagorisme, cette arithmétique synthétique qui commence en donnant à tout être ses quatre quanta, son nombre de quatre chiffres, comme si le plus simple, le plus pauvre, le plus abstrait des électrons avait déjà nécessairement plus de mille visages. Les électrons ont beau n'être que quelques-uns dans un atome d'hélium ou de lithium, leur numéro matricule a quatre chiffres : une escouade d'électrons est aussi compliquée qu'un régiment de fantassins... (*La Philosophie du non*, p. 39-40.)

La moyenne conduit à une affirmation réaliste assez curieuse. Chacune des expériences qu'on réunira dans la moyenne donne lieu à un simple jugement assertorique. Or si les déterminations convergent, il n'est pas rare de voir cette convergence s'énoncer comme une sorte de jugement de valeur. Il semble que le point de convergence se substantifie et que cette substantification s'accroisse avec le nombre des expériences résumées. En outre, les écarts sont immédiatement passés au compte de l'accident, comme si l'essence s'était peu à peu ramassée dans la moyenne. Dès lors on établira un type idéal qui correspond au type moyen et on appréciera les aberrations à partir de ce type moyen. C'est toute une métaphysique qui s'affirme à propos d'un calcul d'erreurs. La moyenne est ainsi la première idée platonicienne du phénomène quantifié.

Mais ce réalisme n'est pas solide, car la moyenne constitue une idée approximative qui se développe plutôt en extension qu'en compréhension.

C'est donc une connaissance qui manque de profondeur. La connaissance dans son idéal de description intime est tout entière portée à fouiller la compréhension des phénomènes... Pour étudier complètement un caractère, il faudrait l'isoler, mais pour l'isoler, il faut le reconnaître ; la statistique veut aider à cette reconnaissance, la moyenne ne vise plus alors qu'à énumérer... Même sous le rapport de la connaissance approchée d'une grandeur, la moyenne entre plusieurs déterminations de cette grandeur n'est pas la connaissance la meilleure. (*Essai sur la connaissance approchée*, p. 116-117.)

La loi d'homologie est une loi d'ontogénie, mais d'ontogénie active, dont l'homme même fixe le plan. En suivant les indications de ce plan de construction, l'ingénieur chimiste poursuit une fin... On peut vraiment dire qu'on connaît une substance dans l'exacte proportion où on lui désigne une place dans un plan... Les substances nouvelles ne correspondent pas à des êtres trouvés par l'observation, mais à des êtres réalisés par une expérience solidaire d'une théorie ; elles ne sont en quelque sorte que les divers moments d'une méthode. Ce sont des concepts réalisés...

La chimie organique devrait être plutôt considérée comme une chimie qu'on organise. Et ce n'est pas la vie qui l'organise vraiment ; l'intelligence humaine, substituant au déterminisme des faits le déterminisme des idées, impose un plan, elle réalise une fin. En particulier, aucun hasard ne saurait mettre en présence, dans les conditions extérieures requises, les justes proportions des éléments nécessaires à la constitution des divers composés. Ainsi, non seulement le réel n'atteint pas tout le possible, mais le possible même de la nature est loin de pouvoir rivaliser avec les possibilités humaines. La science factice déborde nettement la science naturelle. (*Le Pluralisme cohérent de la chimie moderne*, p. 67.)

Jadis on commençait la mécanique – science rationnelle – en étudiant la trajectoire d'un *point* matériel, qui était une pure abstraction. Aujourd'hui il se trouve qu'on *connaît* physiquement un électron, je veux dire qu'on *cohère* des expériences assez nombreuses et diverses par la notion d'électron. Mais il faut toujours, pour connaître ou reconnaître un électron, qu'on établisse des expériences définies, des expériences où l'électron est obligé de payer un droit de détection ; où, par conséquent, il change de puissance phénoménologique. D'ailleurs, les preuves de son existence sont liées à des observations discontinues, en fonction d'un système de coïncidences discontinues. Dès lors, je dirais assez volontiers que la trajectoire d'un électron est un chapelet où le grain de chapelet concrétise une somme d'expériences. Y a-t-il un fil dans ce chapelet ? Question vaine, puisque nous ne connaissons que les grains. L'observation est d'ailleurs si perturbante que la tranquille trajectoire telle que la dépeignait notre intuition ne peut guère correspondre à une réalité expérimentée. Enfin l'expérimentation implique des discontinuités qui marquent tout : et la réalité et le temps et l'espace. On peut donc entrevoir la nécessité de poser une réalité rythmique, sans cesse recommencée. (« la Continuité et la Multiplicité temporelles, » *Bulletin de la Société française de philosophie*, séance du 13 mars 1937, p. 60-61.)

Les mécaniques contemporaines, mécanique relativiste, mécanique quantique, mécanique ondulatoire sont des sciences sans aïeux. Nos arrière-neveux se désintéresseront sans doute de la science de nos arrière-grands-pères. Ils n'y verront qu'un musée de pensées devenues inactives, ou du moins de pensées qui ne peuvent plus valoir que comme prétexte de réforme de l'instruction. Déjà, si l'on nous permet cette formule, la bombe atomique a pulvérisé un grand secteur de l'histoire des sciences, car, dans l'esprit du physicien nucléaire, il n'y a plus trace des notions fondamentales de l'atomisme traditionnel. Il faut penser le noyau de l'atome dans une dynamique de l'énergie nucléaire et non plus dans une géométrie de l'agencement de ses constituants. Une telle science n'a pas d'analogue dans le passé. Elle apporte un exemple particulièrement net de la rupture historique dans l'évolution des sciences modernes.

Et cependant, malgré son caractère révolutionnaire, malgré son caractère de rupture avec l'évolution historique régulière, une doctrine comme la mécanique ondulatoire est *une synthèse historique* parce que l'histoire, arrêtée deux fois dans des pensées bien faites : les pensées newtoniennes et les pensées fresnelliennes, reprend un nouveau départ et tend à une nouvelle esthétique des pensées scientifiques. (*L'Activité rationaliste de la physique contemporaine*, p. 23-24.)

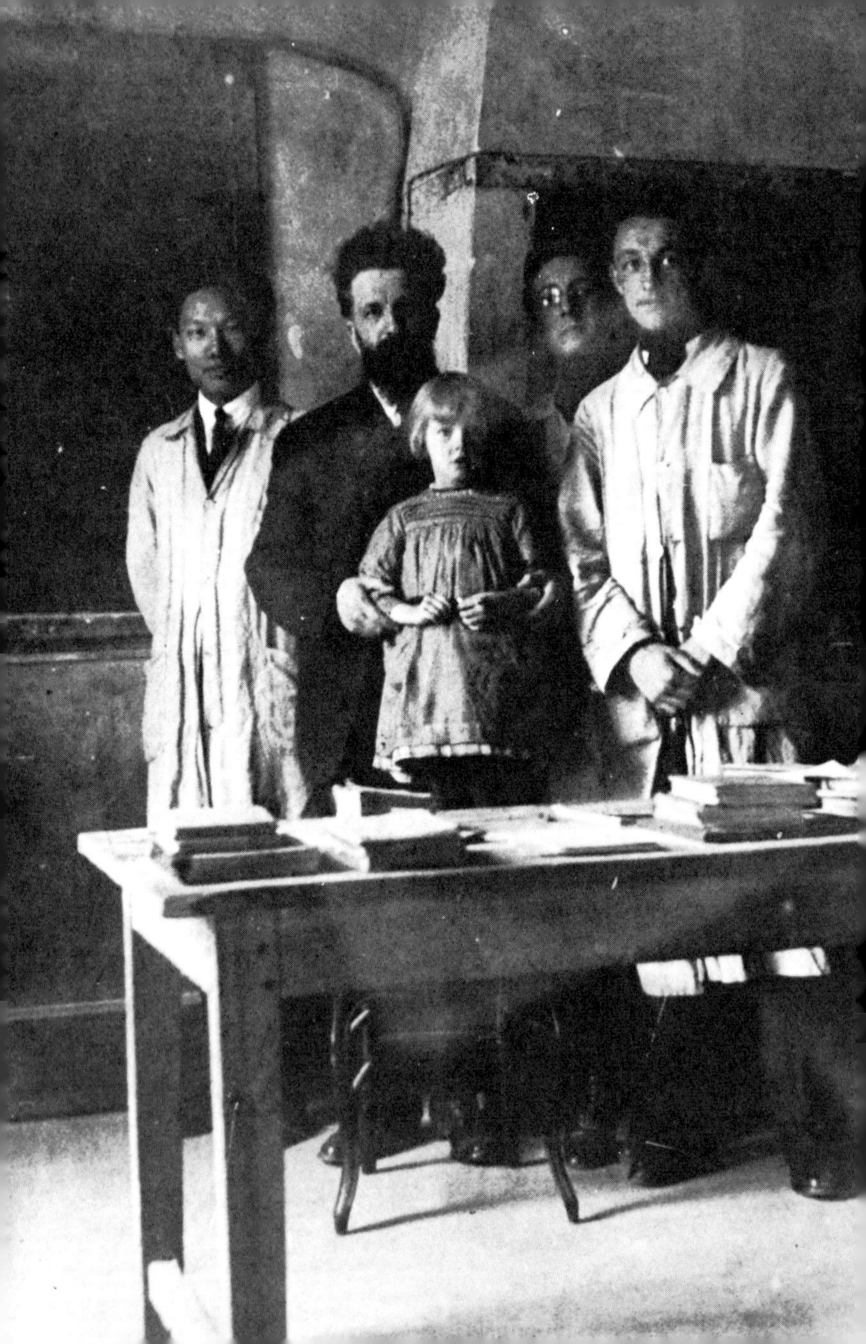

Repères biographiques

27 juin 1884 Gaston, Louis, Pierre, né en Champagne, à Bar-sur-Aube, d'une famille d'artisans cordonniers.

1895-1902 Études secondaires au collège de Bar-sur-Aube.

1902-1903 Répétiteur au collège de Sézanne.

1903-1905 Surnuméraire des Postes et Télégraphes à Remiremont.

1906-1907 Service militaire comme cavalier télégraphiste au 12e Dragons à Pont-à-Mousson.

1907-1913 Commis des Postes et Télégraphes à Paris (bureau de la gare de l'Est).

1912 Licencié ès sciences mathématiques. Classé troisième au concours d'entrée à l'École supérieure de télégraphie (deux places disponibles).

1913-1914 En disponibilité pour préparer le concours d'élèves ingénieurs des Télégraphes (bourse en mathématiques spéciales au lycée Saint-Louis).

8 juillet 1914 Marié à une jeune institutrice de son pays.

2 août 1914-16 mars 1919 Mobilisé dans les unités combattantes (38 mois de tranchées). Croix de guerre (citation à l'ordre de la Division).

1919-1930 Professeur de physique et de chimie au collège de Bar-sur-Aube.

20 juin 1920 Veuf, avec une petite fille, Suzanne.

1920 Licencié de philosophie, après un an d'études.

1922 Agrégé de philosophie. Enseigne à Bar-sur-Aube la philosophie, tout en continuant son enseignement des sciences expérimentales.

23 mai 1927 Docteur ès lettres (Sorbonne). Thèses soutenues sous les patronages respectifs d'Abel Rey et de Léon Brunschvicg.

Octobre 1927 Chargé de cours à la faculté des lettres de Dijon.

1930-1940 Professeur de philosophie à la faculté des lettres de Dijon.

25 août 1937 Chevalier de la Légion d'honneur.

1940-1954 Professeur à la Sorbonne (chaire d'histoire et de philosophie des sciences, où il succède à Abel Rey). Directeur de l'Institut d'histoire des sciences.

10 juillet 1951 Officier de la Légion d'honneur.

1954 Professeur honoraire à la Sorbonne, chargé de l'enseignement correspondant à sa chaire pour l'année universitaire 1954-1955.

1955 Élu à l'Académie des sciences morales et politiques au fauteuil d'Édouard Le Roy.

18 mai 1960 Commandeur de la Légion d'honneur.

1961 Grand Prix national des Lettres.

16 octobre 1962 Mort à Paris. Inhumé le 19 à Bar-sur-Aube.

Gaston Bachelard dans la salle de physique du collège de Bar-sur-Aube, en 1924, avec sa fille Suzanne et trois élèves.

Maison familiale des Bachelard à Bar-sur-Aube vers 1904.

M. Bachelard père est à la fenêtre du premier étage, Mme Bachelard mère est de profil, en tablier blanc, devant la boutique.

M. Bachelard père est debou au premier plan à gauche.

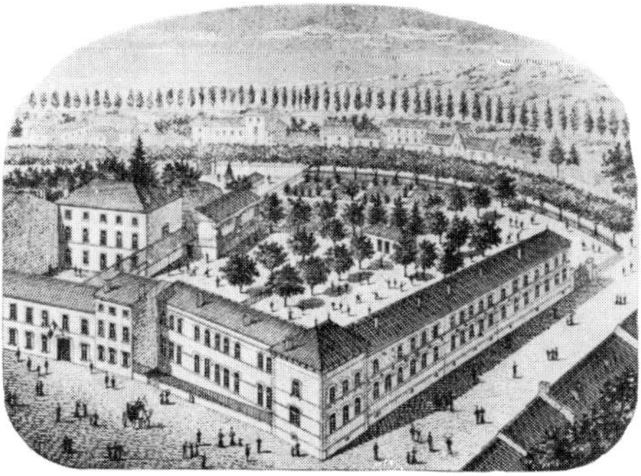

En-tête du papier à lettres du collège vers 1900.

La cour du collège.

Classe de Bachelard (à gauche) et salle de physique (à droite).

Bibliographie

ŒUVRES DE GASTON BACHELARD

1. Livres [1].

1928 *Essai sur la connaissance approchée* [*ECA*], Paris, Vrin, 310 p. (thèse principale de doctorat ès-lettres). (3e édition, 1970.)

Étude sur l'évolution d'un problème de physique : la propagation thermique dans les solides [*EEPP*], Paris, Vrin, 183 p. (thèse complémentaire de doctorat ès-lettres).

1929 *La Valeur inductive de la relativité* [*VIR*]. Paris, Vrin, 257 p.

1932 *Le Pluralisme cohérent de la chimie moderne* [*PCCM*]. Paris, Vrin, 237 p.

L'Intuition de l'instant : Étude sur la « Siloé » de Gaston Roupnel [*II*]. Paris, Stock, 131 p. (Paris, Gonthier, 1966, 152 p., Bibliothèque « Médiations », édition augmentée de « Instant poétique et instant métaphysique », et d'une « Introduction à la poétique de Bachelard », par Jean Lescure.)

1933 *Les Intuitions atomistiques (essai de classification)* [*IA*]. Paris, Boivin, 163 p.

1934 *Le Nouvel Esprit scientifique* [*NES*]. Paris, Alcan, 179 p. (11e édition, PUF, 1971.)

1936 *La Dialectique de la durée* [*DD*]. Paris, Boivin, 171 p. (Nouvelle édition, Paris, PUF, 1950, XI-168 p. – Troisième tirage de la nouvelle édition, PUF, 1972.)

1937 *L'Expérience de l'espace dans la physique contemporaine* [*EEPC*]. Paris, PUF, 143 p.

1938 *La Formation de l'esprit scientifique. Contribution à une psychanalyse de la connaissance objective* [*FES*]. Paris, Vrin, 257 p. (8e édition, 1972.)

La Psychanalyse du feu [*PF*]. Paris, NRF, 223 p. (Paris, NRF, 1965, 185 p., coll. « Idées ».)

1940 *Lautréamont* [*L*]. Paris, José Corti, 201 p. (Nouvelle édition augmentée, 1951, 156 p. – Nouvelle édition, 1963.)

La Philosophie du non. Essai d'une philosophie du Nouvel esprit scientifique [*PhN*], Paris, PUF, 147 p. (4e édition, 1966.)

1942 *L'Eau et les Rêves. Essai sur l'imagination de la matière* [*ER*]. Paris, José Corti. 267 p. (6e réimpression, 1965.)

1. Pour ne pas surcharger cette bibliographie, déjà très détaillée, nous n'avons pas indiqué dans cette rubrique les principaux comptes rendus suscités par les ouvrages de Bachelard. Le lecteur désireux de s'informer à leur sujet pourra consulter le livre de J. Gagey, *Gaston Bachelard ou la Conversion à l'imaginaire* (Paris, M. Rivière, 1969), p. 278-284. Les sigles abréviatifs utilisés dans les notes et références sont placés entre crochets.

« Un jour, Simon Segal a voulu faire mon portrait. C'était un jour d'hiver où j'étais tout songeur. Je songeais à la vie qui m'a fait — je ne sais pourquoi! – philosophe. Je songeais aux tâches inachevées, inachevables. Bref, Segal me surprit dans une heure de mélancolie. J'ai sans doute d'autres heures. Mais le témoignage est là de ma vie difficile. Le peintre, j'en suis sûr, a dit en son langage une de mes vérités. Car lorsque je regarde un peu longuement le portrait que Simon Segal fit de moi un soir d'hiver, voilà qu'à un tiers de siècle de distance – ô stupeur! ô souvenir! – dans mes propres yeux, je vois le regard de mon père. »

1943 *L'Air et les Songes. Essai sur l'imagination du mouvement* [*AS*]. Paris, José Corti, 307 p. (5e réimpression, 1965.)

1948 *La Terre et les Rêveries de la volonté. Essai sur l'imagination des forces* [*TRV*]. Paris, José Corti, 409 p. (4e réimpression, 1965.)

La Terre et les Rêveries du repos. Essai sur les images de l'intimité [*TRR*]. Paris, José Corti, 341 p. (6e réimpression, 1971.)

1949 *Le Rationalisme appliqué* [*RA*]. Paris, PUF, 216 p. (3e édition, 1966.)

1950 *Paysages. Notes d'un philosophe pour un graveur* (Études pour quinze burins d'Albert Flocon), Rolle (Suisse), Librairie Eynard, 96 p. (Texte réédité dans *Le Droit de rêver*, PUF, 1970, p. 70-98.)

1951 *L'Activité rationaliste de la physique contemporaine* [*ARPC*]. Paris, PUF, 227 p. (2e édition, 1965.)

1953 *Le Matérialisme rationnel* [*MR*]. Paris, PUF, 225 p. (2e édition, 1963.)

1957 *Châteaux en Espagne. la Philosophie d'un graveur*, burins d'Albert Flocon, Paris, Cercle Grolier, 61 p. (Texte réédité dans *le Droit de rêver*, p. 99-121.)

La Poétique de l'espace [*PE*]. Paris, PUF, 215 p. (4e édition, 1964.)

1960 *La Poétique de la rêverie* [*PR*]. Paris, PUF, 185 p. (3e édition, 1965.)

1961 *La Flamme d'une chandelle* [*FC*]. Paris, PUF, 113 p. (3e édition, 1964.)

1970 *Le Droit de rêver* [*DR*], recueil posthume de textes divers, Paris, PUF, 250 p.

Études, recueil posthume de cinq textes présentés par Georges Canguilhem, Paris, Vrin, 97 p.

1971 *Bachelard : Épistémologie*, Textes choisis par D. Lecourt, Paris, PUF (« Les, Grands Textes »), 216 p.

1972 *L'Engagement rationaliste*, recueil posthume de textes divers, préface de G. Canguilhem, Paris, PUF, 191 p.
La Poétique du Phénix [*PP*] (manuscrit inédit).

2. Articles.

1928 « La Richesse d'inférence de la physique mathématique », *Scientia*, revue internationale de synthèse scientifique, Bologne, 44.

1932 « Noumène et Microphysique », *Recherches philosophiques*, Paris, 1931-1932, I, p. 55-65. (Réédité dans *Etudes*, 1970, p. 11-24.)

1933 « Physique et Mathématique », *Septimana Spinozana, Acta conventus oecumenici in memoriam Benedicti de Spinoza diei natalis trecentesimi Hagae Comitis habiti*, La Haye, M. Nijhoff, p. 74-84.

1934 « Le Monde comme caprice et miniature », *Recherches philosophiques*, III, 1933-1934, p. 306-320. (Réédité dans *Études*, p. 25-43.)

« Valeur morale de la culture scientifique », *Actes du Congrès international d'éducation morale*, Cracovie.

« Lumière et Substance », *Revue de métaphysique et de morale*, Paris, juillet 1934 (41), p. 343-366. (Réédité dans *Études*, p. 45-75.)

1935 « Idéalisme discursif », *Recherches philosophiques*, IV, 1934-1935, n° 4, p. 21-29, (Réédité dans *Études*, p. 45-75.)

1936 « Critique préliminaire du concept de frontière épistémologique », *Actes du huitième congrès international de philosophie* à Prague, 2-7 septembre 1934, Prague, Orbis, p. 3-9, discussion, p. 35. (Réédité dans *Études*, p. 77-85.)

« Le Surrationalisme », *Inquisitions*, Paris, juin 1936, n° 1, 6 p.

« Logique et Épistémologie », *Recherches philosophiques*, Paris, 1936-1937 (6), p. 410-413.

1937 « La Continuité et la Multiplicité temporelle » (Société française de philosophie, séance du 13 mars 1937), Paris, *Bulletin de la Société française de philosophie*, mars-avril 1937 (37), n° 2, p. 53-63, discussion (G. Bénézé, L. Brunschvicg.

A. Lalande, G. Malfitano, I. Meyerson, D. Parodi), p. 63-81.

« Un livre d'un nommé R. Decartes (les Véritables Connaissances des influences célestes et sublunaires, etc. Paris, 1667, Bibliothèque municipale de Dijon) », *Archeion* (Rome), 19, p. 161-171.

1939 « Le Bestiaire de Lautréamont », *Nouvelle Revue française*, Paris, n° 53, p. 711-734.

« Lautréamont mathématicien », dans *l'Usage de la parole*, Paris, décembre 1939 (1), p. 15-16.

« La Psychanalyse de la connaissance objective », *Études philosophiques, Annales de l'École des hautes études de Gand*, t. III, p. 3-13.

« La Psychologie de la raison », in *les Conceptions modernes de la raison*, Entretiens d'été, Amersfoort 1936, vol. I. *Raison et Monde sensible*, 1939, Paris, Hermann (*Actualités scientifiques et industrielles*, n° 849), exposé, p. 28-34, discussion, p. 35-36.

« Univers et Réalité », *Travaux du deuxième congrès des sociétés de philosophie française et de langue française (Lyon, 13-15 avril 1939)*, Lyon, 125 p., p. 63-67.

« Instant poétique et Instant métaphysique », *Messages*, première année. t. I, Cahier n° 2 *(Métaphysique et Poésie)*, Paris, Flory, p. 28-32. (Réédité dans *l'Arc* (*Cahiers méditérranéens*), hiver 1961, p. 45-52. – Réédité dans *l'Intuition de l'instant*, Paris, Gonthier, 1966, p. 103-111. – Réédité dans *le Droit de rêver*, 1970, p. 224-232.)

1940 « La Pensée axiomatique », *Études philosophiques*, Paris, p. 21-22.

1942 « La Déclamation muette », dans *Exercice du silence*, Bruxelles, Jean Annotiau, s. p.

« Une psychologie du langage littéraire : Jean Paulhan, « les Fleurs de Tarbes ou la Terreur dans les lettres », in *Revue philosophique de la France et de l'étranger*, Paris, 1942-1943 (132), p. 151-156. (Reproduit dans *le Monde*, 7 février 1970, et dans *le Droit de rêver*, p. 176-185.)

1943 « L'Imagination aérienne, les Constellations », *Poésie 43*, Villeneuve-lès-Avignon, 15, p. 5-12.

« L'Image littéraire », *Domaine français* (*Messages*, 1943), Genève, Éd. des Trois Collines, p. 245-256.

« Le Ciel bleu et l'Imagination aérienne », *Confluences*, Lyon, n° 25, p. 417-460.

1944 « La Philosophie de la mécanique ondulatoire », in *Vingtième anniversaire de la mécanique ondulatoire*, discours prononcé à la Sorbonne le 11 mars 1944, préface de Georges Duhamel, plaquette commémorative publiée sous les auspices du Comité Louis de Broglie.

« La Dialectique dynamique de la rêverie mallarméenne », *le Point*, Souillac, n° 29-30, février-avril 1944, p. 40-44. (Réédité dans *le Droit de rêver*, p. 157-162.)

1945 « La Sélection des cadres supérieurs », Avant-propos, in *les Textes d'études de Cégos*, 12ᵉ cycle d'études (16-19 novembre 1945), fasc. 3, Neuilly-sur-Seine, Cégos, p. 3-4.

« La Philosophie scientifique de Léon Brunschvicg », *Revue de métaphysique et de morale*, janvier-avril 1945 (50), p. 77-84.

« Une rêverie de la matière », in Corti (José), *Rêves d'encre*, vingt-cinq images présentées par Paul Éluard, René Char, Julien Gracq et Gaston Bachelard, Paris, José Corti (13 pages), 3 p. (Réédité dans *le Droit de rêver*, p. 60-62.)

« le Rocher », *Provence noire, la Pierre à feu*, novembre.

1946 « La Divination et le Regard dans l'œuvre de Marcoussis », in *les Devins* (16 pointes sèches de Marcoussis), Paris, La Hune. (Réédité dans *le Droit de rêver*, p. 63-66.)

« Lautréamont, poète du muscle et du cri », *Cahiers du Sud*, Marseille, n° 275, p. 31-38.

« Le Vin et la Vigne des alchimistes », *Formes et Couleurs*, Lausanne, n° 1, La Table, 8 p.

1947 « Le Complexe d'Atlas », *Formes et Couleurs*, Lausanne, n° 2, La Montagne, 8 p.

« La Maison natale et la Maison onirique », *Lettres*, Genève, 23, p. 5-17.

« La Philosophie dialoguée », *Dialectica*, Lausanne, I, p. 11-20.

1949 « Le Problème philosophique des méthodes scientifiques », in *Actes du Congrès d'histoire des sciences*, Paris, Hermann (*Actualités scientifiques*, n° 1126, 17-22 octobre 1949), p. 29-36.

« Matière et Main », dans *A la gloire de la main*, par Gaston Bachelard, Paul Éluard, Jean Lescure, Henri Mondor, Francis Ponge, René de Solier, Paris, Aux dépens d'un amateur, 98 rue de Seine, 35 pages, p. 11-13. (Réédité dans *le Droit de rêver*, p. 67-69.)

« Témoignage sur la « Philosophie bantoue » du Père Tempels », *Présence africaine*, n° 7, p. 252-253.

1950 « De la nature du rationalisme », séance du 25 mars 1950 de la Société française de philosophie, *Bulletin de la Société française de philosophie*, 44, n° 2, p. 45-86 (discussion avec M. Bayer, Beaufret, Bénézé, Bouligand, Bréhier, R. P. Lenoble, Lupasco, Minkowski, Mourre, E. Souriau, Ullmo, Wolf, etc.).

« L'Idonéisme ou l'Exactitude discursive », in *Études de philosophie des sciences* (Mélanges Fernand Gonseth), Neuchâtel, Éditions du Griffon, p. 7-10.

« Un nouveau titre de J. Lacroix : « Marxisme, Existentialisme, Personnalisme » (présence de la pensée dans le temps), *le Monde*, Paris, 22 février, p. 7.

1951 « Rêverie et Radio », *la Nef*, Paris, février-mars 1951, n° 73-74, p. 15-20. (Réédité dans *le Droit de rêver*, p. 216-223.)

« L'Actualité de l'histoire des sciences », *les Conférences du Palais de la Découverte, 20 octobre 1951* (36), Alençon, Imprimerie alençonnaise, 16 p.

« Les Tâches de la philosophie des sciences », *l'Information philosophique*, Paris, Baillière et Fils, I, p. 1-9.

1952 « L'Espace onirique », in *Vingtième siècle*, Paris, janvier 1952, n° 2, p. 33-37. (Réédité dans *le Droit de rêver*, p. 195-200.)

« Henri de Waroquier, sculpteur : l'homme et son destin », *Arts*, Paris, 15 mai 1952. (Réédité dans *le Droit de rêver*, p. 47-53.)

« La Vocation scientifique et l'Ame humaine », conférence du 3 septembre 1952 aux Rencontres internationales de Genève, in *l'Homme devant la science*, Neuchâtel, La Baconnière, et Bruxelles, Office de publicité, 444 p., p. 11-29.

« Fragment d'un journal de l'homme, les premières pages d'un manuel de solitude », in *Mélanges d'esthétique et de science de l'art, offerts à Étienne Souriau*, Paris, Nizet, p. 23-30. (Réédité dans *le Droit de rêver*, p. 233-245.)

« Les Nymphéas ou les Surprises d'une aube d'été », *Verve*, Paris, VII, nos 27-28, p. 59-64. (Réédité dans *le Droit de rêver*, p. 9-13.)

« La lumière des Origines », *Derrière le miroir*, nos 44-45, mars-avril 1952, Paris, A. Maeght. (Réédité dans *le Droit de rêver*, p. 32-37.)

1953 « Germe et Raison dans la poésie de Paul Éluard », *Europe*, Paris (31), n° 93, p. 115-119. (Réédité dans *le Droit de rêver*, p. 169-175.)

1954 « André Marchand », en collaboration avec Paul Éluard, Raymond Queneau, Jean Grenier, Paris, *la Pierre à feu*, A. Maeght.

« Le Peintre sollicité par les éléments », *Vingtième siècle*, janvier 1954 (4), p. 11-12. (Réédité dans *le Droit de rêver*, p. 38-42.)

1956 « Le Cosmos du fer », *Derrière le miroir*, nos 90-91, octobre-novembre, Paris, *la Pierre à feu*, A. Maeght. (Réédité dans *le Droit de rêver*, p. 54-59.)

1957 « Le Nouvel Esprit scientifique et la Création des valeurs rationnelles », in *Encyclopédie française*, Paris, Société nouvelle de l'Encyclopédie française, t. XIX (Philosophie, Religion), chap. VI, p. 19-14-12 à 19-14-15.

1958 « Lettre à Vandercammen », *Marginales* (Bruxelles), février 1958, p. 160-165. Réponse de Gaston Bachelard, in Charpier (Jacques), « Diction poétique et Radiophonie » (Enquête), *Cahiers d'études de radio-télévision* (n° 16), Paris, p. 365-385.

« Lyrisme et Silence », dans *Max Picard, zum siebzigsten Geburstag, im Eugen Reutsch Verlag*, Erlenbach-Zürich, p. 155-157.

1960 « Notice sur la vie et les travaux d'Édouard Le Roy (1870-1954) », lue dans la séance du 15 février 1960, Institut de France, Académie des sciences morales et politiques, Paris, Firmin Didot, 14 p.

Témoignage de G. B. in Monteiro (Vincent), « Georges-Emmanuel Clancier et son œuvre : kaléidoscope critique », *les Cahiers luxembourgeois* (Luxembourg), 1959-1960 (31), n° 2-4, p. 142-143.

1962 Message de G. B. aux participants du colloque du Symbolisme à Paris, *les Cahiers internationaux du symbolisme*, n° 1, p. 5-6.

1966 In « Témoignage pour les soixante ans d'Achille Chavée », *Journal des poètes*, Bruxelles (36), n° 5, juillet 1966, p. 8, 4 lignes (signées G. Bachelard, Paris, 27 mai 1962).

3. Travaux de la Société française de philosophie.

1953 Alquié (Ferdinand), « Structure logique et Structure mentale en histoire », exposé et discussion avec la participation de G. Bachelard, in *Bulletin de la Société française de philosophie*, 47e année, n° 3, p. 89-107.
Broglie (Louis de), « La Physique quantique restera-t-elle indéterministe ? », exposé et discussion avec la participation de G. Bachelard, in *Bulletin de la Société française de philosophie*, 47 années, n° 4, p. 135-158.

1954 Gueroult (Martial), « Brunschvicg et l'Histoire de la philosophie », exposé et discussion avec la participation de G. Bachelard, in *Bulletin de la Société française de philosophie*, 48e année, n° 1, p. 1-36.

Poirier (René), « Le Problème de l'âme et du corps », communication et discussion avec la participation de G. Bachelard, in *Bulletin de la Société française de philosophie*, 48e année, n° 4, p. 125-162.

1955 Favez-Boutonier (Juliette), « Psychanalyse et Philosophie », communication et discussion avec la participation de G. Bachelard, in *Bulletin de la Société française de philosophie*, 49e année, n° 1, p. 1-41.

Wolf (Edgard), « Les Perspectives philosophiques et morales ouvertes par la caractérologie », communication et discussion, avec la participation de G. Bachelard, in *Bulletin de la Société française de philosophie*, 49e année, n° 2, p. 45-94.

Dufrenne (Mikel), « Signification des *a priori*, communication et discussion avec la participation de G. Bachelard, in *Bulletin de la Société française de philosophie*, 49e année, n° 3, p. 97-132.

Jamati (Georges), « Sur l'art » (« Gratuit, engagé ou appliqué, l'art est présent dans toute œuvre qui donne une forme concrète à la vie intérieure »), communication et discussion, avec la participation de G. Bachelard, in *Bulletin de la Société française de philosophie*, 49e année, n° 4, p. 137-175.

4. Causeries et interviews enregistrées (Archives de l'O.R.T.F.).

1947 « L'Énergie et les Mythes de création chez Blake », 28 mars (émission *Magazine des arts*).
« La Psychanalyse et la Critique littéraire », 4 novembre, débat auquel participe notamment Mme Marie Bonaparte.
« Le Merveilleux scientifique », 13 décembre.

1948 « Les Sciences en 1848 », 21-26 juin. La science au XIXe siècle, l'action sociale, le climat philosophique (émission *les Grandes Conférences*).

1950 « La Philosophie du graveur : le complexe de Jupiter », 25 mai, entretien d'Albert Flocon, Gaston Bachelard et Jean Amrouche.
« Rêverie et Radio », 27 novembre (dans le cadre d'une conférence de Jean Tardieu). (Texte édité dans *le Droit de rêver*, p. 216-223.)

1951 « Les Sources multiples de l'invention », 21 mars.
« La Dialectique de la durée », 27 mai, interview de G. B. par A. Adamov sur la notion de temps et sur son livre.

1952 « La Vocation du savant », 8 novembre, entretien de Gaston Bachelard, Jean Lescure et Jean Amrouche.
« L'Homme et la Science », 15 novembre, suite de l'entretien précédent.
« La Poésie et les Éléments », 15 novembre.
« L'Eau », 22 novembre.
« Le Feu », 29 novembre.
« L'Air », 6 décembre.
« La Terre », 13 décembre.
« Les Éléments matériels », 20 décembre.
« Les Éléments matériels » (suite), 27 décembre.
« La Philosophie », 21 décembre (sur la philosophie contemporaine et l'apport de la science).

1953 « Dialogue entre un philosophe et un graveur : Gaston Bachelard et Albert Flocon », 9 mai.
« En mémoire de Paul Éluard », 21 novembre.

1954 « Dormeurs éveillés », 19 janvier, causerie sur la rêverie lucide et le silence intérieur.
« Le Parloir des poètes », 2 avril, entretien de Gaston Bachelard avec Jacques Charpier sur la poésie, la diction et les poèmes à la radio.
« Philosophie et Poésie », 16 mai, éditorial de G. Bachelard.
« L'Alchimie au Moyen Age », 17 mai.
« L'État des sciences au XIIe siècle », 24 mai.
« Persistance de la rêverie alchimique », 25 octobre.
« Le Rêve alchimique », 3 novembre.
« L'Alchimie », 15 novembre.

1955 Trois causeries sur Hoffmann : *l'Homme au sable*, 27 janvier ; *le Conseiller Krespel*, 3 février ; *les Mines de Falin*, 10 février.
Analyse de la nouvelle d'André Maurois, *Voyage au pays des articoles*, par G. Bachelard, 27 mars.
« les Aspects philosophiques de la relativité », 23 avril, hommage à Albert Einstein.
Analyse du livre de Francis de Miomandre, *l'Œuf de Colomb*, par G. Bachelard, 24 avril.
« la Double Méditation de Jean Rostand ; de son jardin à son laboratoire », 5 juin.
« l'Imagination créatrice », 25 octobre, hommage à Carl Gustav Jung pour son 80e anniversaire, exposé de Bachelard sur l'apport des théories de Jung.

1957 *La Poétique de l'espace*, 15 novembre, discussion sur ce livre avec l'auteur, Jean Wahl, Jean Lescure et Pierre Sipriot.

1959 *L'Ordre des choses*, 2 janvier, conversation sur ce livre de Jacques Brosse préfacé par Bachelard. Jacques Brosse, Gaston Bachelard, Pierre Sipriot.
La Poétique de l'espace, interview recueillie par Paule Chavasse pour Radio-Canada, sur ce livre de Bachelard et le reste de son œuvre.

1960 *La Poétique de la rêverie*, 1er avril, conversation entre l'auteur, Jacques Brosse et Pierre Sipriot.

SÉLECTION D'OUVRAGES ET D'ARTICLES SUR GASTON BACHELARD ET SON ŒUVRE

Hommage à Gaston Bachelard. Études de philosophie et d'histoire des sciences par G. Bouligand, G. Canguilhem, P. Costabel, F. Courtes, F. Dagognet, M. Daumas. G. Granger, J. Hyppolite, R. Martin, R. Poirier et R. Taton, Paris, PUF, 1957,

« Hommage à Gaston Bachelard », *Annales de l'université de Paris*, Sorbonne, janvier-mars 1963, p. 1-47.

« En hommage à Gaston Bachelard », *Revue de métaphysique et de morale*, janvier-mars 1965, n° 1.

« En hommage à Gaston Bachelard », *les Études philosophiques*, n° 4, octobre-décembre 1963.

« En hommage à Gaston Bachelard », *Revue internationale de philosophie*, 66, 1963, fasc. 4.

« En hommage à Gaston Bachelard », *Critique*, n° 200, janvier 1964.

« Gaston Bachelard et les Poètes », *Cahiers du Sud*, n° 376, février-mars 1964.

« Bachelard », *les Cahiers rationalistes*, n° 257, juin-juillet 1968.

- *Arc (L')*, « Bachelard », 42e cahier, 1970, Aix-en-Provence, 96 p., portrait de Bachelard par Lapoujade, articles de C. Backès, B. Pingaud, D. Lecourt, M. Serres, G. Lascault, J.-F. Lyotard, H. Védrine, F. Berçu, J.-L. Backès, R. Jean, M.-G. Bernard, bibliographie.

Benda (Julien), « De la mobilité de la pensée selon une philosophie contemporaine », *Revue de métaphysique et de morale*, 1945, n° 50, p. 161-202.
- *La Critique du rationalisme*, Paris, Éditions du Club Maintenant, 1949, 125 p., coll. « Entretiens ».
- *De quelques constantes de l'esprit humain. Critique du mobilisme contemporain (Bergson, Brunschvicg, Boutroux, Le Roy, Bachelard, Rougier)*, Paris, Gallimard, 1950, 216 p.

Bernard (Michel-Georges), *Langage et Imaginaire chez Gaston Bachelard*, mémoire inédit présenté devant la faculté de Paris-Nanterre, 1969, VI-162 p.
- Sous le même titre, thèse (inédite) soutenue en mars 1970 devant la Faculté des lettres et sciences humaines de Paris-Nanterre, 421 p.

Bréhier (Émile), *Transformation de la philosophie française*, Paris, Flammarion, 1950, 254p.

Breton (Stanislas), « Symbolisme et Imagination de la matière », *Filosofia e Simbolismo*, p. 63-93, Archivo di filosofia, Rome, 1956, Fratelli Bocca.

Brunschvicg (Léon), *Héritage de mots, Héritage d'idées*, Paris, PUF, 1945, 90 p. (appendice sur la philosophie du non, p. 80-85).

Buraud (Georges), « Gaston Bachelard et les Rêves de la terre », *la Table ronde*, Paris, 1949 (20-21), p. 1409-1416.

Caillet (Gérard), « Du bibliomène à l'anabaptiste : la pensée de Gaston Bachelard », *la Nef*, Paris, juin-juillet 1951, n° 77-78, p. 243-246.

Campbell (Robert), « Physique et Physicien », *Critique*, Paris, 1961, n° 169, p. 541-562.

Canguilhem (Georges), « Sur une épistémologie concordataire », dans *Hommage à Bachelard*, Paris, PUF, 1957, p. 3-12.
- « L'Histoire des sciences dans l'œuvre épistémologique de Gaston Bachelard », *Annales de l'université de Paris*, 1963, p. 24-39.
- « Dialectique et Philosophie du non chez Gaston Bachelard », *Revue internationale de philosophie*, Bruxelles, 1963, 66, fasc. 4, p. 441-452.
- « Gaston Bachelard et les Philosophes », *Sciences*, Paris, mars-avril 1963, 24, p. 7-10.
- *Études d'histoire et de philosophie des sciences*, Paris, Vrin, 1968. Reprise de trois études, notamment sur Bachelard.
- Gaston Bachelard, *Études*, présentation de G. Canguilhem, Paris, Vrin, 1970, p. 7-10.

Carrouges (Michel), *André Breton et les Données fondamentales du surréalisme*, Paris, Gallimard, 324 p.

Catesson (Jean), « Bachelard et les Fondements de l'esthétique », *Critique*, Paris, 1964, p. 41-51.

Caws (Mary-Ann), *Bachelard and André Breton. A poetic of possibility*, Thèse de l'université du Kansas, U.S.A., 1962-63, 122 p. (cf. « Dissert. Abstracts », 23-3369.)
- *Surrealism and the Literary Imagination, a study of Breton and Bachelard*, La Haye-Paris, Mouton, 1966, 87 p.

Christofidès (C.-G.), « Gaston Bachelard and the Imagination of the matter », *Revue internationale de philosophie*, Bruxelles, 1963 (66), fasc. 4, p. 477-491.

Dagognet (François), « M. Gaston Bachelard, philosophe de l'imagination », *Revue internationale de philosophie*, 1960 (4), n° 51, p. 32-42.
- « Le Matérialisme rationnel de Gaston Bachelard », *Cahiers de l'Institut des sciences économiques appliquées*, Paris, juin 1962 (126), p. 17-31.
- *Gaston Bachelard, sa vie, son œuvre, avec un exposé de sa philosophie*, Paris, PUF, 1965, 116 p. (Réédité en 1972, coll. « Sup. ».)
- « Brunschvicg et Bachelard », *Revue de métaphysique et de morale*, Paris, 1965-1 p. 43-54.
- « Gaston Bachelard ou la Pédagogie de la raison : Une philosophie éclairée par la science, » *le Monde*, 18 octobre 1967, p. V.

Daujat (Jean), *L'Intelligibilité dans la théorie physique et ses concepts*, Paris, PUF, 1946, 190 p.

Destouches (Jean-Louis), *Essai sur la forme générale des théories physiques*, Cluj (Roumanie), institutul de arte grafice Ardeatul, 1938.

Dewind-Fleischman (Monique), *Apport de la psychanalyse à l'étude de l'imagination dans l'œuvre de Gaston Bachelard*, Mémoire inédit présenté devant la Faculté des lettres de Bruxelles, 94 p.

Diéguez (Manuel de), *L'Écrivain et son Langage*, Paris, Gallimard, 1960, XCVII-338 p. (cf. p. 221-233).

Dufrenne (Mikel), *La Poétique*, Paris, PUF, 1963, 194 p.
- « Gaston Bachelard et la Poésie de l'imagination », *les Études philosophiques*, octobre-décembre 1963 (4), p. 395-408. (Article repris dans *Jalons*, La Haye, Nijhoff, 1966, 221 p.)

Durand (Gilbert), *Les Structures anthropologiques de l'imaginaire*, Paris, PUF, 1963, 518 p.
- *L'Imagination symbolique*, Paris, PUF, 1964, p. 68-81.
- Science objective et Conscience symbolique dans l'œuvre de Gaston Bachelard, ibid, 1964 (4), p. 41-59.

Farrell (Edith R.), *Water and Dreams*, Wilkinsburg Public Schools, Pennsylvania (thèse de doctorat de l'Université d'Iowa), traduction annotée et introduction.

Faye (Jean-Pierre), « Gaston Bachelard et les Poètes », *Cahiers du Sud*, Marseille, 1964, n° 376, p. 200-206.

Flam (L.), *Problèmes du temps présent*, Paris, PUF, 1963, 260 p.

Foulquié (Paul), *La Dialectique*, Paris, PUF, 1949, « Que sais-je ? », p. 77-125.

Gagey (Jacques), *Gaston Bachelard ou la Conversion à l'imaginaire*, Paris, M. Rivière, 1969, 303 p.

Garcia (N.), *Imagination et Expression selon Gaston Bachelard*, thèse d'Université, Paris, 1968, exempl. dactyl.

Gardère (Pierre), « Gaston Bachelard ou la Poétique de la raison », *Cahiers du Sud*, Marseille, 1964, n° 376, p. 195-199.

Gérard (F.), *La Poétique des choses chez Gaston Bachelard*, D.E.S. Sorbonne, 1966.

Ginestier (Paul), *Pour connaître la pensée de Bachelard*, Paris, Bordas, 1968, 224 p.

Gouhier (Marie-Louise,) « Bachelard et le Surréalisme », in *Entretiens sur le surréalisme*, (Décade de Cerisy-la-Salle, 10-18 juillet 1966), Paris-La Haye, Mouton, 1968, 566 p., p. 177-197.

Granger (Gilles G.), « Visite à Gaston Bachelard », *Paru*, Monaco, 1947, n° 26, p. 55-59.

Guillaume (Louis), « Gaston Bachelard et les Poètes », *Cahiers du Sud*, Marseille, février-mars 1964, n° 376, p. 179-190 (extraits de correspondance).

Guillermit (Louis), « Bachelard ou l'Enseignement du bonheur », *Annales de l'Université de Paris*, janvier-mars 1963, p. 40-45.

Hyppolite (Jean), « Gaston Bachelard ou le Romantisme de l'intelligence », *Revue philosophique*, 1954, p. 85-96. (Réimprimé dans *Hommage à Gaston Bachelard*, Paris, PUF, 1957, p. 13-27.)
- « L'Épistémologie de Gaston Bachelard », *Revue de l'histoire des sciences et de leurs applications*, Paris, 1964, n° 12, p.

Jean (Raymond), « Lieu de la rêverie bachelardienne », in *l'Arc*, 42, Aix-en-Provence, 1970, p. 76-81.

Jones (Robert Emmet), *Panorama de la nouvelle critique en France*, Paris, Sedes, p. 39-76.

Lacroix (Jean), « Une pédagogie de la raison », *le Monde*, Paris, 27-28 mars 1949, p. 13.
- « Gaston Bachelard : l'Homme et l'Œuvre », *Cahiers de l'Institut de science économique appliquée*, série M, n° 24, janvier 1957, p. 129-140.
- « Le Rationalisme appliqué de Gaston Bachelard », dans *Panorama de la philosophie française contemporaine*, Paris, PUF, 1966, p. 199-200.

Lalonde (Maurice), *La Théorie de la connaissance scientifique selon Gaston Bachelard*, Montréal, Fides, 1966, 135 p.

Lamblin (Bernard), « La Poétique de l'espace », cours en Sorbonne, 1964-1965, *Bulletin de psychologie*.

Lecourt (Dominique), *L'Épistémologie historique de Gaston Bachelard*, Paris, Vrin, 1969, avant-propos de Georges Canguilhem. (Réédité en 1970 et en 1972.)
- « De Bachelard au matérialisme historique », *l'Arc*, 42, Aix-en-Provence, 1970, p. 5-13.
- *Pour une critique de l'épistémologie (Bachelard, Canguilhem, Foucault)*, Paris, Maspero, 1972, coll. « Théorie », 136 p.

Lefebvre (Maurice-J.), « L'Image, la Psychanalyse et l'Explication littéraire », *Revue de l'université de Bruxelles*, février-avril 1963, n° 3, p. 199-214.
- *L'Image fascinante et le Surréel*, Paris, Plon, 1965.

Lescure (Jean), « La Poésie possible », *Rencontres*, Genève, n° 18, août-septembre 1953, p. 50-65.
- « Paroles de Gaston Bachelard. Notes sur les derniers cours de Gaston Bachelard à la Sorbonne », *Mercure de France*, Paris, 1963 (348), p. 118-125. (Article paru dans *le Figaro littéraire* sous le titre : « Le Dernier Cours de Gaston Bachelard », Paris, n° 861, 20 octobre 1962, p. 2.)
- « Connaissez-vous Gaston Bachelard ? », *Cahier bicolore*, Paris, 1963, n° 3, p. 17-21.
- « Gaston Bachelard », *Revista portuguesa de filosofia*, Braga, 1963, t. 19, p. 302.
- « Du calcul des improbabilités », *Cahiers internationaux du symbolisme*, 1965, n° 6, p. 69-87. (Fragment du manuscrit de l'Introduction de *la Poétique du Phénix*, cité p. 80-81.)
- « Introduction à la poétique de Bachelard », in Gaston Bachelard, *L'Intuition de l'instant*, réédition Gonthier, Paris, 1966, in-12, 152 p., p. 115-149.

Lyotard (Jean-François), « L'eau prend le ciel », *l'Arc* 42, Aix-en-Provence 1970, p. 38-54.

Mansuy (Michel), « L'Imagination de Gaston Bachelard, théoricien de l'imagination », *Information littéraire*, mars-avril 1965, p. 54-63.
- « Gaston Bachelard et les Lois de l'imagination littéraire », in *Travaux de linguistique et de littérature*, publication du Centre de philologie et de littératures romanes de l'Université de Strasbourg, 1966, t. IV, 2, p. 103-109.
- *Gaston Bachelard et les Éléments*, Paris, J. Corti, 1967, 380 p.

Martin (Roger), « Dialectique et Esprit scientifique chez Gaston Bachelard », *les Études philosophiques*, Paris, octobre-novembre 1963, n° 4, p. 409-419.

Minkowski (Eugène), « Vers quels horizons nous emmène Gaston Bachelard », *Revue internationale de philosophie*, Bruxelles, 1966 (66), fasc. 4, p. 419-440.

Moles (Abraham A.), *La Création scientifique*, Éditions de la Grange-Batelière, Paris, 1957, VI-237 p.

Mourelos (Georges), *L'Épistémologie positive et la Critique meyersonienne*, Paris, PUF, 1962, 230 p.

Pariente (Jean-Claude), « Présence des images, Gaston Bachelard », *Critique*, Paris, n° 200, janvier 1964, p. 3-27.

Pire (François), *l'Imagination symbolique chez Gaston Bachelard*, Paris, J. Corti, 1967, 220 p.

Poulet (Georges), « Gaston Bachelard et la Conscience de soi », *Revue de métaphysique et de morale*, Paris, janvier-mars 1965, 1, p. 1-26.
- « Bachelard et la Critique contemporaine », dans *Currents of thought in french literature* ; *Essays in memory of G. T. Clapton*, Oxford, Basil Blackwell, 1965, p. 353-357.

Poulssen (Marie Nicolas Joseph), *Onirische taal, Gaston Bachelard's theorieën over de « dromende literaire verbeelding » getroetst aan het œuvre van William Faulkner*, Nimègue, Janssen, 1959, 496 p. (résumé en français, p. 421-434).

Quillet (Pierre), *Gaston Bachelard*, Paris, Seghers, coll. « Philosophes de tous les temps », 1964, 220 p.

Ramnoux (Clémence), « Avec Gaston Bachelard, vers une phénoménologie de l'imaginaire », *Revue de métaphysique et de morale*, Paris, 1967, n° 70, p. 27-42.

Rice (Philip B.), « Children of Narcissus, some themes of french speculation » (Brunschvicg, Lavelle, Le Senne, Bachelard, Bastide, Canguilhem), *Kenyan Review*, U.S.A., 1950 (12), n° 1, p. 116-137.

Richard (Jean-Pierre), *Poésie et Profondeur*, Seuil, Paris, 1955, 287 p.
- *L'Univers imaginaire de Mallarmé*, Seuil, Paris, 1961, 654 p.
- « Quelques aspects nouveaux de la critique littéraire en France », *le Français dans le monde*, Paris, n° 15, mars 1963, p. 2-8.

Rousset (Jean), *Forme et Signification*, Paris, J. Corti, 1962.

Schaettel (Marcel), *Gaston Bachelard écrivain*, thèse de 3e cycle présentée à l'université de Dijon en décembre 1965 (dactylographiée).

Solomon (Jacques), « Gaston Bachelard et le Nouvel Esprit scientifique, *la Pensée*, Paris, janvier-mars 1945, n° 2, p. 47-55.

Therrien (Vincent), *la Révolution de Gaston Bachelard en critique littéraire*, Paris, Klincksieck, 1970, 400 p.
- *La Révolution humaniste de Gaston Bachelard* (ouvrage annoncé).

Tuzet (Hélène), *Le Cosmos et les Éléments*, Paris, J. Corti, 1965.
- « les Voies ouvertes par Gaston Bachelard à la critique littéraire », in *les Chemins actuels de la critique*, Paris, Union générale d'édition, 1968, 309 p. (cf. p. 201-213).

Voisin (Marcel), *Bachelard*, Bruxelles, éd. Labor, 1967, coll. « Problèmes ».
- « Bachelard », *les Cahiers rationalistes*, Paris, n° 257, juin-juillet 1968, p. 178-216.

Wahl (Jean), *Poésie, Pensée, Perception*, Paris, Calmann-Lévy, 1948, p. 12-13.

Zundel (Maurice), *Dialogue avec la vérité*, Paris, Desclée de Brouwer, 1964.

A paraître en 1974 : *Entretiens de Cerisy (1970) sur Gaston Bachelard.*

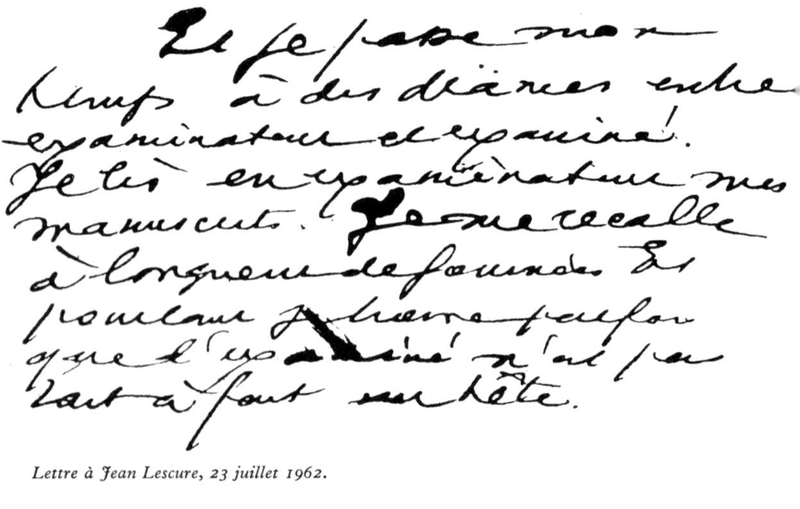
Et je passe mon temps à des drames entre examinateur et examiné. Je lis en examinateur mes manuscrits. Je me recalle à longueur de journées. Et pourtant je trouve parfois que l'examiné n'a pas tout à fait sa tête.

Lettre à Jean Lescure, 23 juillet 1962.

Notes

ARPC	*Activité rationaliste de la physique contemporaine.*
AS	*L'Air et les Songes.*
DD	*La Dialectique de la durée.*
DR	*Le Droit de rêver.*
ECA	*Essai sur la connaissance approchée.*
EEPC	*L'Expérience de l'espace dans la physique contemporaine.*
EEPP	*Étude sur l'évolution d'un problème de physique.*
ER	*L'Eau et les Rêves.*
FC	*La Flamme d'une chandelle.*
FES	*La Formation de l'esprit scientifique.*
IA	*Les Intuitions atomistiques.*
II	*L'Intuition de l'instant.*
L	*Lautréamont.*
MR	*Le Matérialisme rationnel.*
NES	*Le Nouvel Esprit scientifique.*
PCCM	*Le Pluralisme cohérent de la chimie moderne.*
PE	*La Poétique de l'espace.*
PF	*La Psychanalyse du feu.*
PhN	*La Philosophie du non.*
PR	*La Poétique de la rêverie.*
RA	*Le Rationalisme appliqué.*
TRR	*La Terre et les Rêveries du repos.*
TRV	*La Terre et les Rêveries de la volonté.*
VIR	*La Valeur inductive de la relativité.*

1. Dans son livre sur Bachelard (Bordas, 1968, p. 13), Paul Ginestier écrit : « Ses visiteurs des dernières années ont vu la marée de livres déborder jusque dans le corridor d'entrée, où ils montaient à l'assaut des murs, ne laissant aux intrus qu'un étroit goulet.
2. Gallimard, 1964, p. 88.
3. *PR*, p. 23.
4. *PR*, p. 55-56.
5. On sait que c'est sous ce titre que les PUF ont réuni et publié en 1970 un certain nombre d'essais de Bachelard sur l'imagination et les valeurs oniriques.
6. En fait, la connaissance de la vie et la lecture attentive et ordonnée de l'œuvre de Bachelard ne permettent pas de trancher si vite la question de l'unité ou de la dualité de sa philosophie. Voir à ce sujet la note de F. Dagognet aux p. 62-65 de son *Bachelard*, PUF, 1965.
7. Seghers, 1964, p. 113.
8. Voir par exemple ses notes sur « Matière et Main », dans l'hommage collectif et poétique *A la gloire de la main*, Paris, 1949 (*DR*, p. 67-69).
9. *TRV*, p. 6.
10. *PR*, p. 56.
11. *FC*, p. 54.
12. « Bachelard et les poètes », *Cahiers du Sud*, février-mars 1964, p. 179.
13. « Il ne faut pas voir la réalité telle que je suis. » « Dans la clairière de tes yeux / Montre les ravages du feu ses œuvres d'inspiré / Et le paradis de sa cendre. »
14. 16 mai, éditorial d'une émission de J. Charpier.
15. Émission du 2 avril, sur la poésie, la diction et les poèmes à la radio.
16. *ER*, p. 5.
17. *ER*, p. 23-24, 27.
18. *L*, p. 84.
19. *PF*, p. 10.
20. *FES*, p. 64.
21. *PF*, p. 12.
22. *PhN*, p. 139.
23. *VIR*, p. 262.
24. *L*, p. 160.
25. *La Nausée*, Gallimard, Paris, 1938, p. 162.
26. Interview radiophonique enregistrée par Jean Lescure (citée par J. Gagey, *Gaston Bachelard ou la conversion à l'imaginaire*, Marcel Rivière, 1969, p. 125).
27. *ER*, p. 11.
28. *ARPC*, p. 57 et 69.
29. *The Electronic Theory of Valency*, Londres, 1946, p. VI (la mécanique ondulatoire traite « the electron-in-its-orbit » comme un système d'ondes stationnaires).
30. Gallimard, 1943, p. 692.
31. *ARPC*, p. 192.
32. « De Bachelard au matérialisme dialectique », *l'Arc*, n° 42, 1970, p. 6.
33. *MR*, p. 20.
34. C. Ramnoux a rappelé, en des termes émouvants et justes (cf. son article sur Bachelard de la *Revue de métaphysique*, n° 70, 1967, p. 29 s.) ce qu'a représenté pour lui le « choc » de la retraite.
35. *MR*, p. 20.
36. Il y aurait beaucoup à dire sur cette affirmation : elle s'applique sans doute aux philosophies avec lesquelles Bachelard polémique, mais sa généralisation est abusive. Il vise essentiellement les théories de la connaissance.

37. Ici encore, on soulignera une difficulté : la pratique de Bachelard va parfois à l'encontre de ses critiques. N'écrit-il pas (*PhN*, p. 11), prônant un éclectisme des moyens : « Y a-t-il sacrilège à prendre un appareil épistémologique aussi merveilleux que la *catégorie* kantienne et à en démontrer l'intérêt pour l'organisation de la pensée scientifique ? »
38. On lira avec intérêt l'étude de D. Lecourt (Vrin, 1969), précisément intitulée *l'Épistémologie historique de Gaston Bachelard*.
39. Expression de D. Lecourt (*op. cit.*, p. 61), inspirée de *PhN*.
40. On soulignera spécialement dans le chap. 3 son opposition fondamentale à toute philosophie des sciences qui serait de l'ordre des *faits*.
41. On notera dans le vocabulaire si personnel de Bachelard la fréquence du mot travail : les mathématiques « travaillent la matière » (*ECA*, p. 190), l'intuition « travaillée » (*PhN*, p. 16), le « travail » de la pensée rationnelle (*RA*, p. 5), une doctrine de la science est « une doctrine de la culture et du travail » (*ARPC*, p. 3), et naturellement « l'union des travailleurs de la preuve » (*ARPC*, p. 6).
42. *RA*, p. 43.
43. *RA*, p. 43.
44. *PhN*, p. 12.
45. *PhN*, p. 12-13.
46. 1940-1949.
47. *Art. cit.* de *l'Arc*, p. 7.
48. Octobre 1972.
49. Voir à ce sujet la page spéciale du *Monde des livres* du 9 juin 1972.
50. Expression que l'on rencontre souvent sous sa plume.
51. Janvier-mars 1954 : « Gaston Bachelard ou le romantisme de l'intelligence » (reproduit in *Hommage à G. Bachelard*, PUF, 1957, p. 13-27).
52. Qui aurait dû écrire, d'après Novalis (cf. *Novalis Schriften*, II, p. 365) une *Fantastique transcendantale*. « De l'imagination productrice, écrit Novalis, doivent être déduites toutes les facultés, toutes les activités du monde intérieur et du monde extérieur. »
53. Cf. Hyppolite, *art. cit.*, p. 14.
54. PUF, 1965, p. 50-51.
55. *PR*, p. 45-46.
56. *ER*, p. 129.
57. « Cette conscience de la main au travail renaît en nous dans une participation au métier de graveur... La main humaine, synthèse de la force et de l'adresse... » (« Matière et Main », *DR*, p. 68-69).
58. « Présence des images », *Critique*, n° 200, janvier 1964, p. 3-27.
59. NRF, 1920, p. 25.
60. *Ibid.*, p. 35. Les « rêveries de la volonté » : antithèse — s'il en est — de la pensée d'Alain.
61. Gallimard, 1940.
62. *Art. cit.*, p. 7.
63. « Avec Gaston Bachelard, vers une phénoménologie de l'imaginaire », *Revue de métaphysique et de morale*, n° 70, 1967, p. 27-42.
64. *Art. cit.*, p. 29.
65. *ER*, p. 261-262.
66. Sa jeune femme, qu'il avait épousée trois semaines avant de partir pour le front le 2 août 1914, disparaissait un an après sa démobilisation.
67. *ER*, p. 262.
68. « Paroles de Gaston Bachelard », *Mercure de France*, mai 1963, p. 15. Cf. P. Quillet, *op. cit.*, p. 9.
69. *ER*, p. 2.
70. *ER*, p. 2.
71. *TRV*, p. 7.
72. *ER*, p. 27.
73. Sous le terme générique d'*Études*, mettant en exergue ces mots de son dernier livre : « J'étudie. Je ne suis que le sujet du verbe étudier. Penser, je n'ose. Avant de penser, il faut étudier. Seuls, les philosophes pensent avant d'étudier » (*FC*, p. 55).
74. *TRV*, p. 114.
75. *PE*, p. 140.
76. *PE*, p. 142.
77. *PE*, p. 142.
78. *Revue de métaphysique et de morale*, 1934, XLI, p. 343-366 (*Études*, p. 45-75).
79. Voir trad. Dietrich, notamment p. 51-55.
80. *Études*, p. 57.
81. *Ibid.*, p. 57.
82. Intitulé précisément « Idéalisme discursif » (*Recherches philosophiques*, 1934-1935, p. 21-29 ; *Études*, p. 87-97).
83. *Études*, p. 92.
84. *ER*, p. 24.
85. On y reviendra à propos de la méthode phénoménologique de Bachelard.
86. *ER*, p. 199.
87. *RA*, p. 78.
88. Cf. *AS*, début.
89. « Sur une épistémologie concordataire », in *Hommage à G. Bachelard*, p. 10.
90. *PF*, p. 181.
91. *TRV*, p. 32.
92. « Instant poétique et instant métaphysique », *Messages*, t. I, Cahier n° 2, 1939, p. 28.
93. *PE*, p. 4.
94. *ECA*, p. 23.
95. Tous deux de 1938 : *la Formation de l'esprit scientifique : contribution à une psychanalyse de la connaissance objective* ; *la Psychanalyse du feu*.

96. *Op. cit.*, p. 32-33.
97. Voir chap. 3.
98. *Les Temps modernes*, n° 39, p. 115.
99. *TRV*, p. 75.
100. *TRV*, p. 20.
101. *PR*, p. 49.
102. Profondeur, intimité, substantialité du pays par rapport au paysage ou au décor géographique.
103. *PR*, p. 110.
104. *Gaston Bachelard et les éléments*, Paris, J. Corti, 1967, p. 349.
105. *PE*, p. 1.
106. *PR*, p. 4.
107. *MR*, p. 10-11.
108. *MR*, p. 10.
109. *MR*, p. 11.
110. *MR*, p. 11.
111. *TRV*, p. 36.
112. *TRV*, p. 36-37.
113. *NES*, p. 13.
114. *FES*, p. 61.
115. *MR*, p. 65.
116. *Op. cit.*, p. 52.
117. *DR*, p.63-66.
118. *DR*, p. 66.
119. *DR*, p. 63.
120. *PR*, p. 46.
121. *MR*, p. 49.
122. *ARPC*, p. 14.
123. *FES*, p. 195.
124. Ce concept est présent dans toute son œuvre épistémologique : voir notamment *ECA*, p. 108-109 ; *EEPC*, p. 17 ; *FES*, *passim*.
125. *PE*, p. 1.
126. On relira en particulier *le Rationalisme appliqué*, en méditant sur l'emploi du terme « appliqué » : cf. à ce sujet la remarque de F. Dagognet, p. 53, et surtout l'article de G. Canguilhem, « Gaston Bachelard et les philosophes », *Sciences*, mars-avril 1963, p. 9.
127. « Rationaliste ? Nous essayons de le devenir... », *ER*, p. 10.
128. *Art. cit.*, p. 14.
129. *ER*, p. 23.
130. *FES*, p. 14.
131. Voir aussi *VIR*, p. 241; *PCCM*, p. 11, 27; *AR*, p. 87, 124.
132. *ECA*, p. 14.
133. *ECA*, p. 14.
134. *ECA*, p. 15.
135. *NES*, p. 141.
136. *NES*, p. 142.
137. *NES*, p. 142.
138. *NES*, p. 141.
139. *IA*, p. 153.
140. «Idéalisme discursif», in *Études*, p. 89.
141. *ECA*, p. 272.
142. *FES*, p. 239.
143. *FES*, p. 239.
144. C'est du moins l'hypothèse formulée par J. Gagey, *op. cit.*, p. 62.
145. « Quand nous avions encore foi en la durée bergsonienne... », *II*, p. 41 ; « Notre propre confiance en la thèse bergsonienne... », *ibid.*, p. 38. Quant à l'affirmation de *DD*, p. 16, « ... Du bergsonisme nous acceptons presque tout, sauf la continuité », disons que, dans un ouvrage consacré au temps, elle ne laisse plus grand-chose du bergsonisme !
146. En sous-titre de son livre de 1932 : *Étude sur la Siloë de Gaston Roupnel.*
147. *DD*, p. 107.
148. Nous ne pouvons pas développer ici sa réflexion critique sur l'espace, mais il serait intéressant de suivre à ce propos le cheminement parallèle de sa pensée, de *l'Expérience de l'espace* (1937) à *la Poétique de l'espace* (1957), sans compter *la Valeur inductive de la relativité* (1929), où il analyse l'espace-temps.
149. Cf. à cet égard P. Ginestier, p. 104.
150. *DD*, p. 150.
151. *II*, p. 15.
152. *DD*, p. 147 s., chap. 8, « la Rythmanalyse ».
153. *II*, p. 115.
154. Dans son livre *Durée et Simultanéité.*
155. *DD*, p. 106.
156. *RA*, p. 2.
157. *RA*, p. 2.
158. *RA*, p. 2.
159. *MR*, p. 209.
160. *MR*, p. 210.
161. *MR*, p. 210.
162. *MR*, p. 212.
163. *MR*, p. 212.
164. *ARPC*, p. 23-24.
165. *PhN*, p. 9.
166. *PhN*, p. 14.
167. *PhN*, p. 14.
168. « Dialectique et Philosophie du non chez Gaston Bachelard », *Revue internationale de philosophie*, 1963, LXI-4, p. 441-452.
169. *Art. cit.*, p. 441.
170. Cf. *PhN*, p. 137.
171. Dans le recueil collectif d'hommages.
172. *PhN*, p. 137. Cf. aussi p. 7, 133, 135-138.
173. *PhN*, p. 134. G. Canguilhem cite, à ce propos, Socrate.
174. Voir notamment *ECA*, p. 249 ; *EEPP*, p. 212 ; *VIR*, p. 73, 178-179 ; *PCCM*, p. 13 ; *NES*, p. 8, 12 ; *EEPC*, p. 42-43 ; *RA*, chap. 1 ; *AR*, p. 123, 171 ; *MR*, p. 193.
175. Il déclare tout net : « Nous ne pensons pas qu'il y ait lieu de parler d'une histoire dialectique du concept de dialectique dans l'œuvre de Bachelard. » (*art. cit.*, p. 442.)
176. *Ibid.*, p. 452. Citation de *PhN*, p. 144.
177. « Dialectique et Esprit scientifique

chez Gaston Bachelard », *les Études philosophiques*, 1963-4, p. 409-419.
178. *Ibid.*, p. 418.
179. Voir à ce propos *RA*, p. 119-120.
180. Voir n. 178.
181. Dans « l'Epistémologie de Gaston Bachelard », *Revue d'histoire des sciences*, 1964, n° 12, p. 4.
182. *PhN*, p. 47.
183. Chap. 1 : les Diverses Explications métaphysiques d'un concept scientifique (p. 19-40).
184. « le Profil épistémologique », *l'Arc*, 1970, n° 42, p. 57.
185. *PhN*, p. 47.
186. *PhN*, p. 47.
187. *PhN*, p. 86.
188. *ARPC*, p. 3.
189. Voir *RA*, p. 66.
190. Nous reviendrons, à propos du langage, sur ce caractère structural. Voir à ce propos les justes remarques de V. Therrien, *la Révolution de Gaston Bachelard en critique littéraire*, Paris, Klincksieck, 1970, 2e partie, chap. 5 (la Méthode structurale bachelardienne). Nous croyons également, à propos de Bachelard, critique littéraire et anthropologue du langage, à une *méthode structurale sans structuralisme* (*ibid.*, p. 285).
191. *AS*, p. 14.
192. *RA*, p. 110.
193. *Op. cit.*, p. 56. Nous faisons entièrement nôtre ce jugement.
194. Cf. *AR*, p. 13.
195. *PE*, p. 8.
196. *Op. cit.*, p. 48.
197. Une difficulté, que nous ne songerons pas à dissimuler, apparaît cependant. On peut lire en effet, dans *la Poétique de l'espace* (p. 79-80), une critique de la métaphore, qu'il oppose radicalement à l'image, et dont Bergson aurait fait un usage abusif. Il poursuit : « La métaphore vient donner un corps concret à une impression difficile à exprimer. La métaphore est relative à un être psychique différent d'elle. L'image, œuvre de l'Imagination absolue, tient au contraire tout son être de l'imagination... La métaphore ne peut guère recevoir une étude phénoménologique. Elle n'en vaut pas la peine. Elle n'a pas de valeur phénoménologique. Elle est, tout au plus, une *image fabriquée*, sans racines profondes, vraies, réelles. C'est une expression éphémère, ou qui devrait être éphémère... Au contraire de la métaphore, à une image, on peut donner son être de lecteur ; elle est donatrice d'être. L'image, œuvre pure de l'imagination absolue, est un phénomène d'être, un des phénomènes spécifiques de l'être parlant. » Malgré le poids d'objection de ce texte, nous n'en continuerons pas moins d'opposer la pratique effective de Bachelard à telle de ses déclarations explicites, surtout quand sa conception théorique est fortement influencée par une rencontre contingente avec un auteur qu'il a choisi comme contre-modèle. De même qu'il a opposé aux images littéraires, formelles et fabriquées, les images matérielles et spontanées, de même les métaphores qu'il condamne ici n'ont rien de commun, en dehors du nom, avec les métaphores qui naissent sous sa plume dans un instant privilégié de spontanéité créatrice. Pour un élargissement du débat et de multiples additions au dossier de la métaphore chez Bachelard, voir Therrien, *op. cit.*, p. 245-250.
198. *Art. cit.*, p. 3.
199. *AS*, p. 9. C'est nous qui soulignons.
200. *AS*, p. 144.
201. *EEPP*, p. 58.
202. *RA*, p. 183.
203. Puisqu'une décision d'ordre mathématique permet de représenter ce mouvement vibratoire par un cosinus.
204. *RA*, p. 183.
205. *FES*, chap. 4, p. 73 s.
206. *FES*, p. 76.
207. *FES*, p. 73.
208. *FES*, p. 154-155.
209. *PE*, p. 7.
210. *L'Arc*, 1970, n° 42, p. 82-89.
211. *Art. cit.*, p. 83.
212. Cf. *PE*, p. 7.
213. *PE*, p. 136.
214. *PE*, p. 139.
215. *PE*, p. 7.
216. *MR*, p. 32.
217. *MR*, p. 216.
218. *MR*, p. 212.
219. *MR*, p. 216.
220. *MR*, p. 216-217.
221. *Art. cit.* de l'*Hommage*, p. 14.
222. *Ibid.*, p. 20.
223. *Ibid.*, p. 25.
224. Dans un article intitulé « Logique, langage, communication », p. 31-57.
225. *Art. cit.*, p. 53.
226. *Ibid.*, p. 54.
227. *Ibid.*, p. 55.
228. Voir à ce propos V. Therrien, *op. cit.*, p. 244, et nos remarques ultérieures.
229. « L'Imagination de G. Bachelard, théoricien de l'imagination », *Information littéraire*, mars-avril 1965, p. 60.
230. Cf. Therrien, *op. cit.*, p. 19-41, et p. 294-297.
231. Je dois à l'amabilité du poète Jean Lescure, ami et confident de Gaston Bachelard, la communi-

cation de quelques pages inédites de ce texte. On pourra en lire quelques lignes ici même.

232. L'image est de Bachelard lui-même.

233. *L*, p. 54. Cf. aussi p. 143.

234. Voir le commentaire de Therrien dans son chapitre « Une méthode inspirée des mathématiques », notamment p. 244-245.

235. Dans son article (cité) sur « Dialectique et Philosophie du non chez G. Bachelard », G. Canguilhem écrit : « Le rationalisme de Bachelard expulse l'idée au profit de la structure », et encore : « L'idée n'est pas un résumé, elle est plutôt un programme. » (l. 448.)

236. Le sous-titre de *la Poétique du Phénix* est *: Coup d'œil rétrospectif sur la vie de travail d'un faiseur de livres*.

237. C'est nous qui soulignons.

238. Même remarque.

239. Nous sommes pleinement d'accord avec les remarques de Therrien, qu'il a placées sous le titre général « Un nouvel humanisme assumé », p. 119-127.

240. *ER*, p. 23.

241. C'est pourquoi, en bonne logique, les philosophies purement conceptuelles devraient prendre leurs distances par rapport à l'épistémologie de Bachelard, comme le font en général les logiciens : or elles ne le font pas toujours.

242. *Op. cit.*, p. 15.

243. « Monsieur Bachelard », dans « Hommage à Gaston Bachelard », *Annales de l'Université de Paris*, 1963, p. 46.

244. *Op. cit.*, p. VII.

245. *ER*, p. 23.

246. Voir le compte rendu de cette séance dans le *Bulletin de la Société française de philosophie*, mars-avril 1937, n° 2, p. 53-63 et 63-81 (discussion).

247. *PhN*, p. 39-40.

248. Encore un rapprochement entre la poésie et les mathématiques !

249. *PhN*, p. 40.

250. *PhN*, p. 40.

251. *FES*, p. 27,

252. *FES*, p. 24.

253. *FES*, p. 288.

254. *FES*, p. 189.

255. *FES*, p. 240.

256. *TRR*, p. 332.

257. *ARPC*, p. 171.

258. *RA*, p. 67.

259. *RA*, p. 67. Allusion à Descartes, *Œuvres*, X, p. 213.

260. *PE*, p. 102.

261. *AS*, p. 240.

262. *AS*, p. 193.

263. *DD*, p. 6.

264. *PE*, p. 103.

265. *PhN*, p. 138.

266. *DD*, p. 80.

267. *PR*, p. 163.

268. *PhN*, p. 36.

269. *ECA*, p. 263.

270. *ECA*, p. 95.

271. *II*, p. 95.

272. *VIR*, p. 93.

273. *EEPP*, p. 160.

274. *NES*, p. 6.

275. *TRR*, p. 119.

276. *TRV*, p. 293.

277. *PR*, p. 20.

278. *EEPC*, p. 56.

279. *PR*, p. 66.

280. *MR*, p. 177.

281. *TRV*, p. 134.

282. *PR*, p. 147.

283. *Op. cit.*, p. 85-93 d'une part, p. 182-189 de l'autre.

284. *Annales de l'Université de Paris*, janvier-mars 1963, p. 40-45.

285. *Ibid.*, p. 40-41.

286. *Ibid.*, p. 41.

287. *Ibid.*, p. 42.

288. *RA*, p. 12.

289. *RA*, p. 23.

290. *FES*, p. 244.

291. *RA*, chap. 2, p. 12-30.

292. *RA*, p. 23.

293. Nous songeons en particulier à ses deux livres-pamphlets, *Libérer l'avenir* et *Une société sans école*.

294. *Op. cit.*, p. 27.

295. *Bulletin de la société française de philosophie*, avril-juin 1950, p. 53 (cité par Dagognet, p. 27).

296. « Les Sciences en 1848 », 21-26 juin 1948 *(les Grandes Conférences)*.

297. *FES*, p. 252.

298. *FES*, p. 252.

299. C'est nous qui soulignons.

300. *PhN*, p. 128. Bel exemple de non-aristotélisme pédagogique !

301. *FES*, p. 48, et *L*, p. 125 (« Il n'y a pas d'enseignement mathématique sans une certaine méchanceté de la raison »).

302. *FES*, p. 216.

303. *FES*, p. 214.

304. *DD*, p. 42.

305. *DD*, p. 43.

306. *II*, p. 18.

307. *DD*, p. 43.

308. *FES*, p. 193.

309. *PR*, p. 76.

310. *PF*, p. 216.

311. *DD*, p. 59.

312. *FES*, p. 247.

313. *FES*, p. 247.

314. Janvier-mars 1945, p. 47-55.

315. *RA*, p. 75.

316. *PE*, p. 98.

Index

TABLE

ILLUSTRATIONS

L'auteur et les éditeurs remercient très vivement tous les amis de Gaston Bachelard qui ont bien voulu les aider à rassembler les documents qui illustrent cet ouvrage.

Bibliothèque nationale : 42-43, 44-45, 78-79, 144. - Bulloz : 34-35, 38. - Galerie Maeght : 156. - Giraudon : 39, 132 ; Lauros-Giraudon : 130, 134 . - Yves Hervochon : 49. - Iolas : 48, 122. - Keystone : 64. - Marion-Valentine : 107. - Pierre Moufle : 168. - Musées nationaux : 55. - Parimage : 84, 99, 100. - Jacques de Potier/Paris-Match : 2 et 3 de couverture, 4, 12, 30, 117. - Bernard Prieur : 6, 9, 10, 11, 171. - Seuil : 51, 54, 56, 59, 60, 61, 116 bas, 120, 125, 126, 136, 137, 138, 140, 142, 146. - Roger Viollet : 109, 154, 172. - **Collections :** Mme Olga Collin : 7, 8, 171 haut (Club photo du lycée Gaston-Bachelard de Bar-sur-Aube) ; 170 (Gabriel Gilbert). - Suzanne Delorme : 70, 71 (Éclair-Continental). - Jean-Claude Fillioux : 22, 23 haut. - Albert Flocon : 2, 92, 93. - Mme Jean Follain : 125, 126. - Laure Garcin : 52. - Jean Lescure : 18, 19, 88-89, 96-97. - Archives Pontigny-Cerisy : 14, 15, 23 bas. - Mme Spillebout : 20. - Travaux photographiques : R. Bardet, F. Duffort. Iconographie : Élisabeth Piel.

CE LIVRE EST LE QUATRE-VINGT-QUATORZIÈME
DE LA COLLECTION « ÉCRIVAINS DE TOUJOURS »
DIRIGÉE PAR DENIS ROCHE

ACHEVÉ D'IMPRIMER EN 1977 PAR IMP. TARDY QUERCY AUVERGNE - BOURGES
D. L. 1er trim. 1974. N° 3359-2 (7567)

collections microcosme

PETITE PLANÈTE

1 Autriche
2 Suède
3 Italie
4 Pays-Bas
5 Irlande
6 Grèce
7 Allemagne
8 Tunisie
9 Suisse
10 Espagne
11 Turquie
12 Chine
13 Iran
14 Israël
15 Danemark
16 Portugal
17 Tahiti
18 Belgique
19 Inde
20 Brésil
21 Japon
22 Sahara
23 URSS
24 Grande-Bretagne
25 Yougoslavie
26 Finlande
27 Norvège
28 Madagascar
29 Venezuela
30 Égypte
31 Maroc
32 Pologne
33 Australie
34 Mexique
35 Tchécoslovaquie
36 Argentine
37 Canada
38 Afrique des Grands Lacs
39 Liban
40 Chypre
41 Haïti
42 Colombie
43 Albanie
44 Indonésie
45 Roumanie
46 Hongrie
47 Afghanistan
48 Birmanie
49 Yémen
50 Népal
51 Antilles
52 Thaïlande
53 Pérou

PETITE PLANÈTE / VILLES

101 New York
102 Hong Kong
103 Amsterdam
104 Venise (à paraître)

LE RAYON DE LA SCIENCE

9 Les nombres et leurs mystères
10 L'énergie nucléaire
11 La connaissance de l'Univers
15 La vie de la cellule à l'homme
20 Le froid
23 La médecine chinoise
25 Physique de l'océan
28 Histoire des mammifères
29 Les médicaments
30 Les mathématiques modernes
31 L'informatique

SOLFÈGES

1 Couperin
2 Schumann
3 Ravel
4 Schubert
5 Chopin
6 Haydn
7 Honegger
8 Mozart
9 Jazz
10 Verdi
11 Tchaïkovski
12 Stravinsky
13 Falla
14 Monteverdi
15 Liszt
16 Prokofiev
17 Wagner
18 Rameau
19 Bach
20 Puccini
21 Moussorgsky
22 Debussy
23 Beethoven
24 Bartok
25 Brahms
26 Mahler
27 Franck
28 Vivaldi
29 Berlioz
30 Schoenberg
31 R. Strauss
32 Bruckner
33 Fauré
34 Varèse
35 Satie
36 Mendelssohn

collections microcosme

ÉCRIVAINS DE TOUJOURS

1 Hugo
2 Stendhal
3 Montaigne
4 Flaubert
5 Colette
6 Pascal
7 Zola
8 Giraudoux
9 Baudelaire
10 Montesquieu
11 Proust
12 Malraux
13 Diderot
14 Mauriac
15 Saint-Simon
16 Laclos
17 Montherlant
18 Corneille
19 Michelet
20 Apollinaire
21 Bernanos
22 Shakespeare
23 Gorki
24 Anatole France
25 Barrès
26 Marivaux
27 Gœthe
28 Voltaire
29 Sartre
30 Tchekhov
31 Romain Rolland
32 Giono
33 Balzac
34 Saint-Exupéry
35 Virginia Woolf
36 Descartes
37 Jules Renard
38 Machiavel
39 Joyce
40 Molière
41 Cocteau
42 Horace
43 Homère
44 Melville
45 Mme de La Fayette
46 Hemingway
47 Virgile
48 Rabelais
49 Edgar Poe
50 Ronsard
51 Beaumarchais
52 Cicéron
53 Rousseau
54 Rimbaud
55 La Fontaine
56 Maïakovski
57 Dostoïevski
58 Teilhard de Chardin
59 Kierkegaard
60 Aristophane
61 Maupassant
62 Gide
63 Claudel
64 Camus
65 Faulkner
66 Pasternak
67 Mallarmé
68 Nerval
69 Vigny
70 Érasme
71 Chateaubriand
72 Verlaine
73 Pouchkine
74 Lautréamont
75 Mme de Sévigné
76 Julien Green
77 Bergson
78 Benjamin Constant
79 Paul Eluard
80 Hegel
81 Kafka
82 Freud
83 Beckett
84 Sophocle
85 Tacite
86 Borgès
87 Rilke
88 Maine de Biran
89 Cervantès
90 Breton
91 Mounier
92 Le Nouveau Roman
93 Les Surréalistes
94 Bachelard
95 Heidegger
96 Barthes
97 Spinoza
98 Fourier
99 Dickens

LE TEMPS QUI COURT

GROUPES SOCIAUX

3 Les intellectuels au Moyen Age
4 Les marchands au XVIe s.
7 Les juges
8 Les officiers
10 Les templiers
11 Les bâtisseurs de cathédrales
22 Les courtisans
25 Les explorateurs au Moyen Age
31 Les prêtres
35 Les Conquistadores
36 Les communards
39 Les premiers chrétiens
41 Les Vendéens de 93

CIVILISATIONS

1 Les Gaulois
26 Les Incas
30 Les Byzantins
33 Les Khmers
40 Les Tsiganes
42 Les Québécois
43 Les Aztèques

BIOGRAPHIES

13 César
14 Napoléon
15 Lénine
17 Jeanne d'Arc
18 C. Colomb
21 Robespierre
27 La reine Victoria
28 Catherine II
34 Pétain
37 Lincoln